JN120325

金融機関出身の

女性税理士が書いた

社長に信頼される資産防衛術

(株)ウーマン・タックス

税理士 板倉　京／税理士 羽田リラ

アニモ出版

はじめに

みなさんは、「税理士の仕事は何ですか？」と聞かれたらなんと答えますか？

私たちは迷うことなく、「お客様の資産を守ることが仕事です」と答えます。

この答えに違和感を感じる方もいるかもしれません。「税理士の仕事は税金の計算をして申告したり、税務に関してのアドバイスをすることが仕事ではないのか？」と。

もちろん、記帳業務、税務書類の作成、税務相談も税理士の重要な仕事です。

でも、それだけでは生き残っていけない時代が来ているようです。

私が開業して少し経った頃、こんなことがありました。

他業種の方から、「相続対策をどうするか困っているお客様がいるので、相談に乗ってあげてほしい」という紹介を受けたのです。

顧客を増やす絶好のチャンスです。張り切ってその方のところへうかがいました。

しかし結果としては、相続対策を任せてもらうことはできず、残念ながらお断わりされてしまいました。

その理由は何だと思いますか？

そのお客様は不動産をいくつもお持ちの資産家でしたが、私には不動産に関する知識が足りず、不動産の話についていくことができなかったからです。

お客様は資産をしっかりと増やし、それを家族に残したいと考えていました。そのために、相続だけではなく、不動産を含めた資産運用などについても相談に乗ってくれる税理士を希望されていたのです。

この経験は、「税務知識があるだけで満足していてはダメなんだな、もっと資産についての相談に乗れる税理士にならなければ」ということに気がつくきっかけとなりました。

さらに、最近、お客様からお金まわり全般のことを聞かれることが増えました。内容は、相続から保険、投資、不動産…、と本当に多岐にわたります。

お客様は、税理士との信頼関係ができはじめると、わからないことは何でも税理士に聞けばいいと考える傾向があるように感じています。

お金にまつわる相談は信用できる人にしたい、と考えるからだと思います。

みなさんも、お客様から税務以外のことを聞かれた経験があると思います。

その際、「税理士なので、わかりません」と答えるか、それとも「顧問税理士として、こう思います」と答えるか、どちらがお互い

にとってよいのかは明らかです。

後者であれば、お客様にますます信頼されますし、私たちにとっても、税務以外のビジネスチャンスが広がっていくはずです。

とはいえ、「自分は法人担当だから、相続や保険等について知らなくても特に困らない」と思う方も多いと思います。でも実は、法人の担当者にこそ、本書を読んでいただきたいと思います。

本書では、法人担当の方が社長に話をどう切り出したらよいのか、あるいはアドバイスのポイントを、事例を交えながら解説しているので、時間がない税理士こそ手に取っていただきたいと考えています。

また、法人担当の税理士にも、さらに仕事を広げていくためのヒントをちりばめていますので、ぜひ読んでいただきたいと思っています。

ＡＩの波や会計のＩＴ化、増えていく税理士の数と減っていく中小企業数…、社会情勢は刻々と変化しており、これからの税理士のあり方に不安を感じている方もたくさんいると思います。

私たちは、どんな時代でも、電卓と誠意とちょっとした知識があれば、税理士は必ず生き残っていけるはずだと思っています。

その「ちょっとした知識」について、この後、詳しく説明していきたいと思います。

また、私たちを取り巻く環境は、給与水準の低迷や年金支給額・退職金の減少、超低金利時代の継続などによっても変わってきています。いまや、預貯金だけでは老後資金などの準備は難しく、これからの時代に「資産運用」は必須です。

この資産運用に関する相談は、これからの税理士にとって新しいビジネスチャンスです。これまで、税理士が積極的に取り組んでこなかった分野だけに可能性が広がります。そして、税理士が資産運用の相談相手になることは、お客様にとってもメリットが大きいのです。

税理士に、「資産運用」相談を可能にしたのは「ＩＦＡ」という存在です。いま、注目のＩＦＡとは何か？　税理士が「資産運用」相談することのメリットとは？　についても紹介していきます。

この本を通じて、時代の荒波を乗り越えられる「お客様の資産を守る税理士」をめざしていただけたらと願っています。

2021年８月吉日

株式会社ウーマン・タックス
代表　板倉　京
代表　羽田　リラ

本書の内容は、2021年８月20日現在の法令等にもとづいています。

金融機関出身の女性税理士が書いた
社長に信頼される資産防衛術

もくじ

2章 「相続」相談編
社長個人の相続対策を考えよう

3章 「保険」相談編
加入している保険内容をしっかり把握しよう

4章 「不動産」相談編

不動産の購入・投資はじっくり検討しよう

5章 「退職金」相談編

所得税・法人税・相続税の節税に退職金を活用しよう

6章 「証券」相談編 IFA資格を取得して資産運用のお手伝いをしよう

7章 「事業承継」相談編 社長の資産防衛に事業承継は欠かせない

カバーデザイン◎水野敬一

本文ＤＴＰ＆図版＆イラスト◎伊藤加寿美（一企画）

1章

税理士が“お金のかかりつけ医”になるべき理由

顧問業を取り巻く環境は変化している?

いま、税理士に必要な役割は?

なぜ、資産税が注目されているの?

1-1 法人・個人の顧問業を取り巻く環境の変化

法人・個人の顧問業が揺らいでいる!?

この章のタイトルを見て、「『お金のかかりつけ医』とは何だろう？税理士がそんな存在になれるの？」と思われたのではないでしょうか。

しかし、この本を読み終わる頃には、税理士が「お金のかかりつけ医」となってお客様の資産を守るべきであり、それが急激に変化する税理士業界のなかで生き残るための１つの方法であると理解していただけると思います。

そのためにも、まずはじめに、現状の税理士業界について再確認してみたいと思います。

従来型の税理士業務である「法人・個人の顧問業」の振り返りと、いま注目されている「資産税」に何が起きているのかを確認していきます。

そして、私たち税理士が本来の税理士業務で何ができるのかを見直して、そのうえで**なぜ私たち税理士に付加価値が求められているのか、これからの税理士が生き残るためには何が必要なのか**を一緒に考えていきたいと思います。

税理士業界は、「先生商売」「資格だけで食べていける」といわれてきましたし、将来が安泰な資格として、人気のある資格ランキングにも必ず上位に入っていました。それがいまでは、「もうからない職業」として雲行きがあやしくなってきているのです。

理由は、盤石だった法人・個人の顧問業が揺らいできていることにあります。なぜ、そのようなことが起きているのでしょうか？

 従来型の税理士像

税理士の基本業務といえば、**「税務代理」「税務書類の作成」「税務相談」の３つの独占業務**と、この業務に関連して行なわれる**「記帳代行」や「給与計算」などの付随業務**です。

法人・個人の顧問業とは、この独占業務・付随業務に係る仕事を、税務顧問契約を結んで行なうことです。

この「税務顧問契約を締結して、会社・個人の経理状況を把握し、税務処理や税制上のアドバイスをする業務」、これが、従来から変わらない税理士の基本業務となっています。

税務顧問契約のメリット

税理士業のベースとなる「税務顧問契約」について、税理士サイド、顧客サイドからメリットを見てみましょう。

【税理士から見たメリット】

①安定収入になる

いったん、顧問契約を締結すると、安定収入が見込まれます。これが、月次の顧問契約ならなおさらです。毎月、給与のようにコンスタントな報酬が約束されます。

②報酬が請求しやすい

税理士業務のうちでも相談業務などは、報酬が請求しづらいという悩みがあります。アドバイスでは、成果が目に見えにくいため、報酬に対してお客様の納得感が得づらいからです。その点、税務書類や会計帳簿という成果物のある法人・個人の顧問業は、報酬を請求しやすいというメリットがあります。

③経営者の信頼を得やすい

定期的に会社を訪問し、経営者と会って話をすることで、経営者の身近な相談相手となります。会計・税務の相談だけではなく、会社経営についても知ることでアドバイスの幅も広がり

ます。これにより、経営者と信頼関係を築けると、顧問契約が継続しやすくなります。

【顧客から見たメリット】

税務顧問契約は、お客様にもメリットがあります。

会社が記帳事務などを行なうために人を雇うと、人件費がかかりますが、税理士にアウトソーシングすることで、大きくコストが抑えられます。そのうえ、税務の専門家が代わって担当しますから処理も正確で適切です。

税理士が関与していれば、顧客の状況に合わせた税務判断ができますので、節税にもつながります。税務調査が入ったときでも、プロがついていますので安心です。

税務や経営について相談がしやすい、というのもメリットです。

このメリットに対するお客様のニーズは高かったため、かつては集客が簡単で、営業力がなくても、税理士は十分にやっていけたのです。

たとえば、従来型の税理士のビジネスモデルはこんな感じです。

<従来型税理士のビジネスモデル>

【中小企業の相場】

- 月額顧問料…3万～5万円
- 申告書作成料は月額顧問料の3～6か月分

【ケースの例】

- 月次顧問料3万円、申告書作成料9万円（月次の3か月分）が20社 → この場合、年間収入は900万円
- 顧問先を20社程度確保できると、経費の少ない税理士業は十分に生活できるレベルになりました。

税務顧問業は、他の資格業と比べても、とても恵まれた仕事です。

考えてもみてください。国民全員が税金の下で生活していますから、基本的に仕事がなくなることはありません。そのうえ、税理士以外の人が行なえない「独占業務」として法で守られているのです。

このように、優位性が高かった税理士は“ほどほど”の顧問先を確保すると、あとは事務作業を職員に任せて所長の出勤は週に数日、ということもあり得ました。「所長は平日、ゴルフ三昧！」なんていう何ともうらやましい話もよく聞きました。

税務顧問業の変遷のきっかけ

しかし、この優位だった税理士のビジネスモデルが、崩れ始めています。理由は大きく３つ考えられます。①「税理士１人当たりの中小企業数の減少」、②「会計のＩＴ化」、③「広告規制の改正」です。

①増える税理士、減る中小企業

まずあげられるのが、税理士とそのお客様である中小企業の需給

◎中小企業数と登録税理士の推移◎

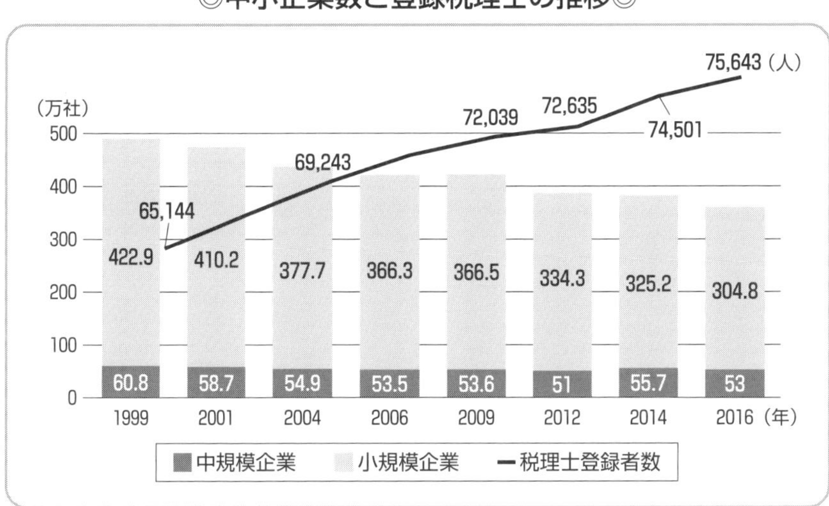

のバランスが、崩れてしまったことです。

税理士の登録者数は、毎年増加の一途をたどっています。この増える税理士に対して、中小企業の数は長期にわたって減少傾向が続いているのです。

この厳しい環境下では、お客様が見つからない税理士が出てきてしまいます。顧客の奪い合いで、顧問報酬の値引き競争になれば、「税理士は独立しても食べていけない」職業になってしまうわけです。

②会計のＩＴ化

記帳代行を収入の柱としている税理士は、少なくないと思います。この収入の柱に、打撃を与えたのが「**ＩＴの進化**」です。

安価で使い勝手のよい会計ソフトが、経理事務を誰にでもできるものに変えました。経理は初めてという人でも、わからないことはインターネットの検索や会計ソフトのチャットサービスなどで、すぐに解決できるようになりました。

その結果、自社内で処理をすませる自計化が進み、また格安の記帳代行会社が多数登場したりと、記帳代行報酬の価額は下がる一方です。会計のＩＴ化は、税理士が行なってきた記帳代行業務の価値を下げてしまったのです。

③「税理士業界の広告規制」改正による影響

話が古くなりますが、平成13年の税理士法の改正により、税理士の広告規制が原則として自由になりました。

この改正が、旧態依然だった税理士業界に大改革を引き起こしたのです。

＜改正前の「税理士業界の広告規制」とは＞

【顧問契約のあるクライアントに対して「営業禁止」】

他の税理士が顧問契約を結んでいるクライアントには、営業をかけてはいけないという規制です。税理士同士の行き過ぎた競争を防ぐのが目的です。しかし同時に、適正な競争を阻むものとなり、新人税理士がお客様を開拓するにあたっては、大きな壁となっていました。

【広告には基本情報のみの記載】

　税理士の広告は、実質的な基本情報だけと規制されていました。露出できるのは事務所名、電話番号、住所などに限られていたのです。

　当時、電話帳にしか名前を載せない税理士が多かったのはこのためです。

【報酬規程】

　税理士報酬の上限が定められていました。そして、税理士ごとに異なる報酬を表示することも、禁止されていました。

　このように改正前は、税理士業界が「護送船団」のように守られていたことがわかります。

　これらの規制は、やる気のある新人税理上の参入を阻んだだけではありません。お客様にとっては、税理士の詳しい情報を得ることができない規制となっていました。税理士の知り合いがいないお客様は、運を天に任せて電話帳から税理士を選ぶしか方法がなかったということです。

　税理士の広告規制の撤廃等により、受け身だった税理士の集客方法はがらりと変わりました。

　お客様にとっては、たくさんいる税理士を比較して、自社や自分の顧問税理士を選べるようになったのです。

　対して、税理士はお客様に選んでもらう方法を模索する時代に突入したのです。

　新規顧客を獲得するために、税理士が一番使うツールは**ホームページ**ではないでしょうか。いまや、ホームページを持っていない税理士事務所や会計事務所はないといってもいいほどです。ホームページは税理士事務所等の名刺代わりになっています。

実際、ホームページは、他の事務所と差別化し、お客様に攻勢をかける重要なツールです。事務所の得意な分野や、キャッチーなメッセージを載せたり、報酬規程を開示するなどして使われています。

多くのお客様はこれらホームページを見て、相談したいことを専門にしている自分に合った雰囲気の事務所を探して、報酬を比較しながら税理士を選ぶようになりました。

これは、WebサイトやSNSなどでブランディング化を成功させると、ネット上からお客様を呼び込めるようになったということを意味します。いままで、お客様を増やす最大の手段が「紹介」だった税理士業界に、大きな可能性を生みだしたのです。

ただしネットの広がりは、顧客の獲得競争を激化させ、その結果、以下のような状況を招いたようです。

【ディスカウント競争】

ネットで「税理士」という検索キーワードを入力してみてください。「税理士費用を払いすぎていませんか？」「安くて評判のよい税理士を紹介します」といった税理士紹介サイトがトップに表示されます。

税理士事務所も「顧問料 月額○○千円～」と安さを謳う広告で、他の事務所としのぎを削っています。

顧客の取り合いや会計ソフトの進歩で顧問料の相場が下がっていたところに、ネットでの競争が拍車をかけました。昔は「月額３万～５万円」だった相場が、いまでは「月額数千円～」というところまであります。

顧問料の相場の下落は、税理士のお財布事情を直撃しています。「20社程度の顧問契約があれば、やっていける」という従来型のビジネスモデルは、過去のものとなりつつあります。

【ノウハウの露出競争】

「記帳業務」はなかなか差別化することが難しい業務です。そのためお客様は、なるべく一番安いところを探そうとしますから、価格競争に巻き込まれてしまいます。

一方、経営アドバイスや節税提案など、クライアントの業績や税額を大きく変える可能性のある業務の価値は、差別化にあたっての大きなアピールポイントです。

そこで出てきたのが、「ほかの税理士事務所と違って、うちはこんなこともアドバイスできますよ」と宣伝しようとする「ノウハウの露出競争」です。

ここでいう「ノウハウの露出競争」とは、ネット上で税理士の知識を大公開することです。

税理士は、税と会計に精通し、税務に関わることを許されている唯一の専門家です。この大事なノウハウを、お客様を獲得するために、ホームページ上に無料で公開しているのです。知識をタダで提供することは、もったいなくも思えますが…。

税務知識を大量にホームページにアップすることで、ブランド化に成功し、価格競争に巻き込まれずにいる税理士が存在しているのも事実です。

ノウハウの露出には賛否がありますが、税理士からしか税務知識は得られないという時代は終わりつつあるようです。

税理士の広告規制の緩和は、うまく利用すれば成功できる反面、何もしないままでは徐々に取り残されていく、というように今後の将来を大きく左右する分岐点となったといえます。

ディスカウント競争やノウハウの露出競争――税理士を取り巻く状況は変化をとげています。従来型のビジネスモデルで、この状況を生き残るのはどんどん難しくなっています。

変化する税理士の業務

現状、法人・個人の税務顧問業で成功するためのビジネスモデルは2パターン考えられます。

1つは、記帳代行などを主な業務としながらも、規模拡大や、分業化など効率化を進めて、価格競争のなかでも負けないようにして生き残る方法。もう1つは、特定の業種（クリニック、飲食店、美容室等）に特化するなど専門性を蓄積し、価格競争に巻き込まれない付加価値の高いサービスを提供する方法です。

1つめの方法は、いわゆる薄利多売の方法ですから、ある程度の規模がないと難しいでしょう。

たとえば、独立開業したばかりの税理士が、価格競争に巻き込まれると、ほどなく疲弊してしまいます。

一方、付加価値を高める方法は、報酬もしっかり取ることができますし、仕事のモチベーションも上がります。

これなら、規模の大小にかかわらず、めざしていくことができそうです。

では、付加価値を高めるために、税理士ができることとは何でしょうか。以下で具体的に見ていきましょう。

税理士の「経営助言」

いま、中小企業は長期的な減少傾向や生産性の低迷など、多くの問題を抱えています。

中小企業の経営者の近くにいるのは、税理士です。そのため、中小企業において、税理士の果たす役割はとても重要になってくると思います。

他の経営者が何をしているか知りたいでしょうし、頭一つ抜けた会社があれば、その経営のヒントを聞きたいはずです。

これができるのが、複数の企業に関与している税理士です。会計記帳などで企業を回って経営者と直接話をしている税理士の知見は、

◎日常の相談相手（企業規模別）◎

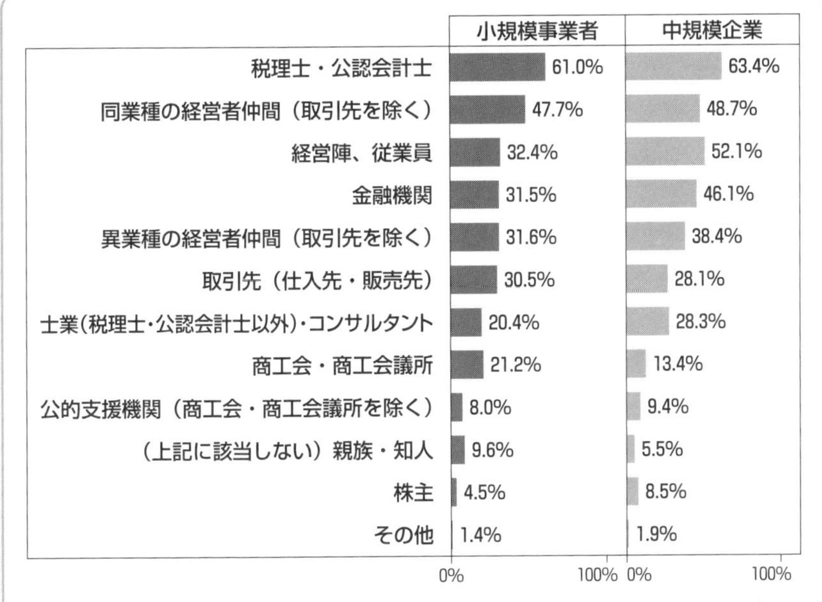

小規模事業者
中規模企業
税理士・公認会計士 61.0% 63.4%
同業種の経営者仲間（取引先を除く） 47.7% 48.7%
経営陣、従業員 32.4% 52.1%
金融機関 31.5% 46.1%
異業種の経営者仲間（取引先を除く） 31.6% 38.4%
取引先（仕入先・販売先） 30.5% 28.1%
士業(税理士・公認会計士以外)・コンサルタント 20.4% 28.3%
商工会・商工会議所 21.2% 13.4%
公的支援機関（商工会・商工会議所を除く） 8.0% 9.4%
（上記に該当しない）親族・知人 9.6% 5.5%
株主 4.5% 8.5%
その他 1.4% 1.9%
0%
100%
0%
100%

資料：（株）野村総合研究所「中小企業の経営課題と公的支援ニーズに関するアンケート」
（注）1．各回答数（n）は以下のとおり。小規模事業者：n=1,681、中規模企業：n=1,558。
2．複数回答のため、合計は必ずしも100%にはならない。

とても必要とされているのです。

野村総合研究所のアンケート調査によると、小規模・中規模の事業者は、「税理士・公認会計士」を日常の相談相手としている、という回答が最も多くなっています。

同調査では、若い世代の経営者が経営の助言を必要としていること、また適切な相談相手がいないと感じている経営者が多いことなどが示されています。このレポートからは、中小企業の経営者が税理士・公認会計士を「困ったときの頼みの綱」と思っていることが見てとれます。

実際に政府も、税理士・公認会計士と経営が悪化している中小企業を結びつける試みを始めています。その動きは経済産業省や内閣府が2012年から始めた、中小企業経営力強化支援法にもとづく「認定経営革新等支援機関」からも見てとれます。

これは、会計事務所などを支援機関に認定し、自力では経営改善計画の策定が困難な中小企業を、税理士や公認会計士が支援する試みです。

税理士によるコンサルティングを求めているお客様は実は多いのです。会計・税務を手がけるだけではなく、経営コンサルティングまで行なって、中小企業の経営を支えることが、税理士に求められているのです。

「何をいまさら、そんなことは当たり前のこと！」と思われるかもしれません。ところが、会計事務所のなかで、経営コンサルティングまでできている会計事務所は、まだ１割程度にすぎない、といわれています。

経営助言ができる税理士になるためにすべきことは、**定期的に経営者とコンタクトをとって、経営者の話をじっくり聞く**ことです。そして、**何でも相談される信頼関係を経営者との間で築いていく**ことです。

専門型の税理士と規模の大きな税理士法人

規模の大きな税理士法人は、法人・個人を問わず、相続・事業承継、国際税務に至るまで、組織立ってお客様をサポートします。担当者では対応しきれないことについても、全体でフォローできる体制が最大の強みです。しかし、その分、報酬が高めになりがちです。

この規模の大きな税理士法人の総合コンサル力の対極にあるのが、専門分野に特化した税理士です。

そもそもお互いのフィールドが違うので、お客様の獲得で争うこともあまりないのですが、規模の大きな税理士法人が総合力で差別化を図るのであれば、小規模な税理士は「専門型」で差別化をすればよいのです。

経営者からは、よく同業他社の様子を聞かれます。特に、業績が落ちているときには、同じ環境でうまくやっているところの理由を知りたがります。

「経営助言」は、ライバル社の情報ほど意味があります。自社と同じ業種に数多くクライアントを持つ税理士には大きな価値があります。

たとえば、クリニック、飲食店、美容室と特定の業種に絞り込んでいる専門型の税理士には、ノウハウが集積していきます。このノウハウを教えてもらえるのであれば、お客様にとっても「少しぐらい高い報酬を払っても損はない！」と思えるはずです。

同じ業種内で、専門型税理士としての地位が固まれば、紹介案件も増えるでしょう。また、これから開業しようと思っているお客様も、そのノウハウを頼ってくるに違いありません。

専門型税理士の強みは、お客様が困っていること、アドバイスがほしいことについては、誰よりも知っていますので頼りになるという**特別な信頼関係を築ける**ことです。

専門業種への特化は、その関連業界とのつながりも深めます。お客様と関連業界へのビジネスマッチングや、関連業界とのつながりをもって、新しい事業の展開ができる可能性も広がります。

しかし、「専門業種への特化はリスクなのでは？」と思った方もいるかもしれません。たしかに、最近のコロナ禍では、そのようなリスクが垣間見えたかもしれません。

日本国内では、2020年から始まった新型コロナウイルスの感染拡大に伴い、緊急事態宣言が何回も発動される事態に陥りました。そのなかで飲食店など業績が急激に悪化した業種もあり、それらを専門としていた税理士は少なからず影響を受けました。

業種を絞るリスクを知らしめる出来事となったコロナ禍…。しかし、そんなコロナ禍のなかでも、専門型税理士の存在意義をお客様に実感してもらえる事案も多くありました。たとえば、いち早い助成金、融資の情報提供、業界事情に合わせた適切なコンサルなどは、その業種に精通している税理士だからこそできたサポートです。

また、専門型税理士の特徴は、**自分が興味のある分野を選択することで、好きが仕事になる**ということです。開業した税理士にとって、専門型税理士は、面白く、そしてやりがいのある仕事に結びつく選択肢だと思います。

 ＡＩ・ＲＰＡの登場で進化するこれからの税理士業界

これまで、過去、現在の税理士業界を取り巻く環境と税理士のあり方について説明してきましたが、では、これからの税理士業界はどうなっていくのでしょうか。

近年、成長が著しいＡＩ（人工知能）やＲＰＡ（ロボットによる業務の自動化）などの新たな技術の進化は、今後の税理士業界を大きく変えていくことが予想されます。

オックスフォード大学でＡＩを研究するマイケル.Ａ.オズボーン教授が2013年に発表した「THE FUTURE OF EMPLYMENT」（雇用の未来）という論文で、「今後20年以内には、アメリカの総雇用者の約47％の仕事がコンピューターに取って代わられ消滅する」という研究結果を発表しました。そのなかで、10年後に消滅する可能性を職種ごとにランキング化しているのですが、全部で702の職種のうち税務申告書類作成者は99％（８位）、会計監査員は94％（114位）消滅するというショッキングな結果が出ています。

また、実際にＩＴ化が進んだエストニアでは、税理士業が消滅したそうです。日本でも、税理士がＡＩ等により消滅してしまうのでは、という不安を感じている方も多いのではないかと思います。

それでは、本当に税理士業は将来、必要とされなくなるのでしょうか。税理士が生き残れるかどうかは、単に税務処理を行なう以上の高い付加価値を提供できるかで決まってくると思います。

現時点では、税理士の仕事のすべてをＡＩやＲＰＡが担うことはできません。しかし、今後のロボットは、迅速に正確に処理するだけではなく、自分で判断できるようになることが予想され、専門職だと思われていた仕事も、「過去の仕事」として淘汰されていくのは避けられないように思われます。

いままでは、ベテラン税理士の経験のなかだけに蓄積されたノウハウが、残念ながら、今後は会計ソフトに蓄積され、誰にでも再現可能となっていくのでしょう。

けれども、正確な税額計算だけが顧客のニーズではありません。たしかに、正確な税金計算とできる限りの節税が希望という経営者は多いのですが、経営者が求められているのはそれだけではないと思います。

たとえ同じ業種でも、さまざまな考えをもった経営者がいます。利益を出すことを何よりも優先させたいという経営者がいる一方で、ＳＤＧｓを目標に持続可能な会社をめざして損得だけでは判断しないという社長もいます。

残念ながら、ＡＩには、そんな経営者の気持ちを汲み取ることはできません。**税理士だけが、社長ごとに異なる経営方針を理解し、それに即した助言を行ない、財務・会計に活かしていくことができる**のです。

つまり、これからの税理士は、ＡＩができない仕事を強化していく必要があります。

せっかくの最先端の技術です。ＡＩやＲＰＡを上手に駆使して、業務の効率化を進めれば、ＡＩ等には取って代わられない業務に集中でき、さらなる付加価値を生み出せると思います。

これからの税理士は、「資格を武器」にして、いかにＡＩ等の最新技術と共存していくかを意識することが生き残る道ではないでしょうか。

いつか…、ＡＩやＲＰＡに恐ろしいほどのデータが蓄積されて、本当に何でもできるという日が来るのるかもしれません。そんな未来になっても、経営者の方針が経営者ごとに変わる以上は、経営上における正解が１つになることはないと思います。

ＡＩに取って代わられない税理士としての業務を積み上げていれば、どんな世の中になっても、**「経営者のよき相談役」としてのプレゼンスを保つ**ことは可能だと思うのです。

税理士の生き残る道は、経営者の相談役として、なくてはならない存在であり続けることだと考えています。

1-2 税理士にとっての資産税という仕事

「資産税」とは何か

私が税理士として独立をした十数年前までは、「資産税」はいまほど人気がない業務で、資産税に特化した税理士事務所もごく少数でした。しかし、いまではうって変わって、税理士間での資産税関連業務のシェア争いが過熱しています。

なぜ、資産税は注目されるようになったのでしょうか。そして、資産税の仕事は、はたして税理士にとってチャンスになるのでしょうか。

「資産税」は、税理士の仕事のなかでは法人・個人顧問業などと少し性格が異なり、**「個人資産の相談」がメイン となる業務**です。通常、「相続税」を中心に「贈与税」「譲渡所得に係る所得税」などをまとめて「資産税」と呼んでいます。

◎資産税とは◎

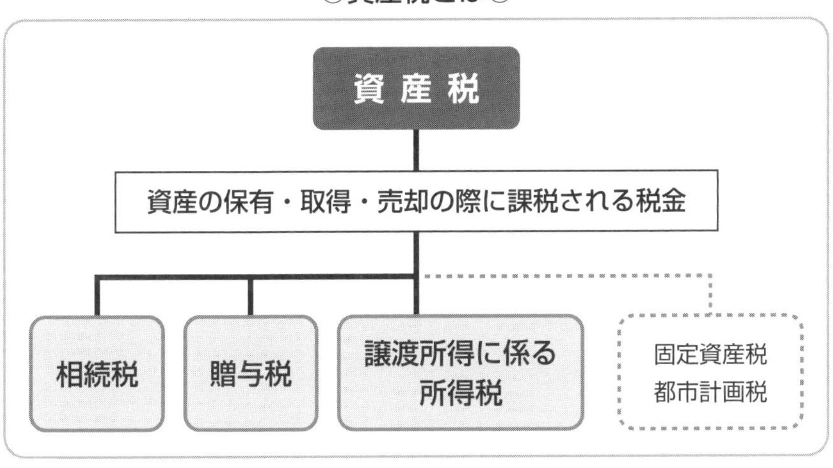

相続が起きたときや土地を売却したときなど、特別な場合の事案に対して資産税が発生します。この点が、恒常的な業務である法人顧問などと異なるところで、資産税はあくまでもスポット業務として、不定期な報酬となっています。

しかも、あまり発生しない事案の割には、専門知識と経験を必要とします。

特例の取扱いも多く、改正も頻繁に行なわれており、１つの見落としや、ちょっとした勘違いで税額に大きな差が出ることもあります。

資産税は、納税額が高額になりがちなうえ、申告は１回勝負。スポット業務の割には、リスクが大きいこともあり、以前までは敬遠する税理士が少なくありませんでした。

増加する資産税の案件

「資産税」のうち、相続税の取扱いは、案件が増加しています。

◎相続税の課税対象となった被相続人数の推移◎

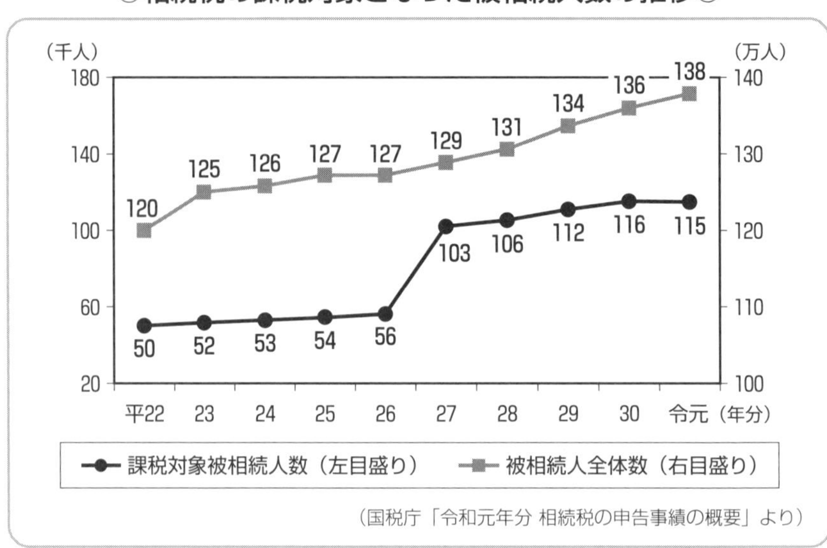

（国税庁「令和元年分 相続税の申告事績の概要」より）

前述したように、中小企業数の減少により、法人・個人の顧問業の仕事は減っています。

一方、日本で進む超高齢化社会により、相続税の案件は増加傾向です。加えて2015年の相続税改正が、この傾向に拍車をかけました。相続税の基礎控除額が引き下げられたために、いまや相続税の課税対象者は改正前の約２倍です。

そして、今後も相続税案件の増加傾向は続くと見込まれているのです。

【資産税を取り扱うことの価値】

報酬が比較的高額であることも、税理士の間で資産税が見直されている要因です。

資産税は、一般の人が独学で申告するには難しすぎますし、税務リスクが伴います。たしかに、税理士の「ノウハウの露出合戦」の結果、膨大な情報がネットにあふれています。しかし、これら情報のすべてをかみ砕いて理解し、さらにそこに潜む税務リスクまで知ることは、一般の人には不可能です。

ですから、税理士に頼るしかない資産税の申告は、正当な報酬を請求できる仕事であるという点も、資産税へのシフトを後押ししてきました。

ところが最近は、少し事情が変わり始めています。資産税の申告業務を受けたい税理士が割安価格を提示したり、あるいは大手事務所では作業を分業化して一部をアルバイトに任せたりするなど、ここでも価格引下げ競争がじんわりと広がってきています。

そうなるとお客様も、より報酬の安い税理士に頼もうとしますが、本当にそのほうがお得なのでしょうか。

資産税に関しては、案件次第では、スキルのある税理士かどうかによって納税額、そしてその後の税務調査への対応で差が出てきます。

ですから、報酬の安い税理士を探すよりも、腕のよい税理士を探すほうがよいということがあります。

このように、税理士にとっても知識や経験を積むほど実力がついて、税理士としての価値が高くなる資産税は、挑戦しがいのある仕事の1つだと思います。

「資産税特化型」VS「総合型」

税理士業界は、「資産税」にトレンドが転換しているようで、ネット上にも資産税に強いことをアピールする税理士事務所であふれています。

この資産税に強い税理士事務所には、「資産税特化型事務所」と「総合型の税理士事務所」の2パターンがあるようです。

【資産税特化型事務所】

資産税を業務の柱とした特化型の税理士事務所は、「相続に関することは専門の税理士に頼みたい」というお客様のニーズの高まりにより確実に増えています。

なかでも規模の大きい事務所は、マーケティング戦略にも長けていて集客も上手ですし、実際にノウハウも積み上がっていますからお客様の間でも人気があります。

ただし、規模が大きくなると作業の分業化が進みます。分業化は、税理士報酬を下げる効果もありますが、デメリットもあります。

担当税理士が案件の全部を把握しないことにより、全体最適な解を提示できない恐れがあることです。また、資産が数千万円程度と比較的小さな案件の場合は、最終確認と押印は税理士が行なうものの、資格のないスタッフが実際の担当者になるということもあり得ます。

その点、小規模な事務所は、担当する税理士が初回相談から相続対策の助言、申告まで一貫して行ないます。

相続は、家族の問題です。親身な雰囲気で、経験豊富な税理士にすべての面倒を見てもらいたいと思うお客様は少なくありません。それをできるのが、小規模な特化型事務所の強みになります。

【総合型の税理士法人】

特化型の税理士事務所の対極にあるのが、総合型の税理士法人です。

特化型事務所は資産税に業務をしぼっていますが、総合型の税理士法人はどんな業務もカバーできる体制が整っています。それぞれの税務の専門家がチームをつくって、全方位でフォローでき、資産税に限らず法人、個人のどんなクライアントにも対応します。ただし、その分、報酬は割高となりがちです。

また、資産規模が大きい資産家をターゲットにしていることが多く、お客様によっては敷居が高いと感じるかもしれません。

でも、もし、小規模の特化型税理士事務所としてお客様に親身に接しながら、総合力をもってフォローできたら最強だと思いませんか？

私たちも独立開業するときには、規模は小さくなったけれども大きい事務所に勤務していたときと同じ総合力を、お客様のために身につけたいと思い、「(株) ウーマン・タックス」という会社を立ち上げました。

ここで少し宣伝をさせていただくと、「(株) ウーマン・タックス」は、独立開業した女性税理士のコミュニティです。規模の小さな女性税理士事務所だと、少し頼りないようなイメージを持たれてしまうかもしれません。

しかし、1つひとつは小さな事務所でも、実際には独立できるほどの実力を持った税理士です。それぞれの得意分野を持っている税理士が集まり、それぞれの強みを活かす、そんなことができれば素敵だと思いませんか。
「(株) ウーマン・タックス」にも、公認会計士や、相続が得意な税理士、医療法人に詳しい税理士、社団法人や家族信託を専門とする税理士と数多く集まっていますから、総合力には自信があります。
また、弁護士や司法書士、不動産鑑定士など周辺業務に強い士業の方との連携もしっかり取れています。適正な報酬で、さまざまな規模のさまざまなニーズを抱えるお客様にも、対応できる組織となっています。
弊社「(株) ウーマン・タックス」に興味のある方は、ぜひお気軽にお問い合わせください。

顧客の開拓のしかた

資産税はスポット業務のため案件が増えているとはいえ、常に集客し続けなければならない難しさがあります。
特に、規模の小さな特化型事務所は、この集客方法が問題になってきます。ここでは、参考になればと思う方法を紹介します。

【集客の方法】

WebやSNSの活用は、集客には欠かせない方法です。しかしいまでは、この方法だけでは不十分になってきているようです。
というのは、相続サイトの過当競争により、資金力がある大手事務所に広告宣伝やSEO対策などで、太刀打ちできなくなっているからです。
資金をかけずに質の高いコンテンツをアップして認知度を上げる方法もありますが、成果をあげるまでに中長期的な時間が必要となってきます。
そのため、自分自身を「相続に強い税理士」としてブランディングすることも考えていくことが必要です。
たとえば、本を出したり、ＴＶに出演したり、セミナーの講師をしたり、いまではYouTubeを活用するなど、人それぞれで方法はいろいろあります。自分の得意なことを活かして、ブランディングする方法をぜひ検討してみてください。

本の出版やＴＶ出演、セミナー講師などは、とっかかりが難しいと思うかもしれませんが、これも**“紹介”から始まる**ことがほとんどです。外に出かけて**税理士以外の人と会う**ことがポイントです。

とはいえ、これは私見ですが、異業種交流会や名刺交換会などは、営業に来ている人が多く、なかなか思うようなお客様に会う機会には恵まれません。

できればもっと普通に、同窓会に参加するとか、趣味の会に出かけて仕事の話をしてくることをおすすめします。

税理士は税理士同士で付き合いがちなところがあります。たしかに仲間は大切ですが、ビジネスは多くの場合、他業種のなかから見つかります。

他業種の人と積極的にかかわることが大事になると思います。

相続は、多方面の業種と関わる仕事です。たとえば、銀行、信用金庫、保険会社、証券会社、不動産会社との協業が欠かせません。そして、それぞれの相続に係る業務は、重なることがほとんどありません。

これも、相続の仕事のアドバンテージです。他業種の人が集まってコラボをしても、互いにウィン・ウィンの関係を保ちながら仕事ができるのです。

税理士にとって、さまざまな異業種の人とつながりを持つことは大きな強みとなります。

異業種の人と関わることで、「相続対策」のセミナーや個別相談につながることがあります。セミナーや個別相談が受けられると、主催者や関係者に仕事の協力をあおぎながら、お客様の相談に乗り、自分自身のお客様を増やす機会に恵まれるようになります。

このような、セミナーや個別相談の機会があれば、積極的に参加するようにしましょう。

お客様のハブになる

「税理士」を知らない人は、たぶんいないでしょう。でも、一般の方で「税理士が何をしているか」を知っている人は、そう多くないことに驚かされます。

「税理士は会社の経理を手伝っている人」くらいには知っていても、「資産については、何について相談できるのだろう」と思われているようです。

【資産税に関するお客様と税理士】

一般のお客様が資産税関係について相談に来られたときには、税理士に会うのは初めてという方がほとんどです。慣れていないのですから、何について、そしてどこまで税理士に相談していいのかわからずに悩んでいます。

たとえば、相続相談会に参加されたお客様から、「相続については弁護士に聞いたほうがいいのかしら」と質問されることがあります。相談内容は、相続税を計算するシミュレーションであるにもかかわらずです。

あるいは、「父の相続のときから、自宅の名義を変更していなくて…」と、不動産の名義変更の相談を司法書士にではなく、税理士にしてきます。

一般の方は、士業の使い分けなど知らないのです。ですから、最初の相談者となって、相談内容ごとに相談すべき相手を案内するのも税理士の大事な仕事です。

相談内容から、その後にすべきことをマネジメントするためには、資産情報をそっくり全部収集しないとできません。お客様が保有する資産全体を教えてくれるのも、相手が税理士だからこそ。この教えてもらった貴重な情報から、お客様のためのマネジメントができるようになるわけです。

税理士なら税金面について、お客様が気づいていなかった税制上のお得情報や、税務の落とし穴まで、伝えることができます。

節税のためには、早めに不動産の整理を考えたほうがよい人も、あえて不動産は動かさないほうがよい人も、あるいは買い替えを検討したほうがよい人もいます。

遺産分割でモメそうな火種を見つければ、その対策として遺言書の作成や保険の加入、場合によっては弁護士とも連携して状況に合わせた方策を考えて実行できるのも税理士です。

資産税関係のハブには、税理士がなるべきです。さまざまな専門家と連携しながら、お客様にとって最適と判断される答えを導くことができる存在だからです。

税理士を取り巻く環境は大きく変化し、法人・個人の税務顧問料だけで食べていける時代は終わりを迎えようとしています。

これまで述べてきたように、税理士には、税務知識をもとにした経営者へのコンサル業務や、お客様に合わせて、資産税の知識を駆使して最善の答えを見つけていく力が求められています。

ですから、これからの税理士に必要なのは、意識を変えて、お客様が必要としていることを理解し、解決する力を身につけることだと思います。これができれば、必ずチャンスに変えていくことができると考えています。

税金に関係のない人などいないにもかかわらず、言われたとおりに払うだけの受け身の人が多いなか、税理士の税務知識はほぼすべての人の役に立つはずです。しかし、お客様が求めているのは税務知識だけでもありません。お金に関わることは何でも相談したいと思っています。

私たちは、この「お金のかかりつけ医」としての力を皆さんにつけていってほしいと考えています。

環境が変わっていくなか、税理士が生き残るために必要になってくるのは、「税務知識」プラス「お金まわりに係る相談力」という付加価値を身につけることです。

この「お金のかかりつけ医」になるための知識については、次章以降で、相続、保険、不動産、証券などに分けて、詳しく説明していきます。

2章

「相続」相談編

社長個人の相続対策を考えよう

社長借入金が
多いと問題が
生じる？
自社株対策
をしないと
どうなるの？
役員報酬と
相続の
関係は？

2-1

法人担当の税理士も社長の相続について考えておこう！

社長の資産防衛のためには相続対策も重要！

「社長の資産防衛」のために、税理士としてまず考えたいのが「相続」についてです。

会社を経営している社長ですから、財産もそれなりにお持ちという方も多いでしょう。また、サラリーマンと違い、事業承継の問題もあります。社長には、「相続対策」が必要なのです。

みなさんは、お客様と相続について話をしたことはありますか。ちょっと切り出しづらいテーマかもしれませんが、お客様の相続について考えることも、税理士の大事なミッションだと思います。

一生懸命働いて築いた財産を相続税で大きく減らしてしまったり、残された家族が遺産分割でモメてしまったり…、お客様のそんな姿を見たくはありませんよね。

のちのち、「税理士がついていたのに、相続で大変な目にあった…」などといわれないように、相続についても考えていきたいところです。

法人担当だからこそ社長の相続問題に気がつく

法人の担当をしていると、法人税のことには思いがいっても、「社長の相続（財産）についてまでは、考えたことがなかった」という方も多いのではないでしょうか。

実際、私たちのところにも、「会社には顧問税理士がいるけれど、相続の話はしたことがないので、相談に乗ってほしい」という方が多くいらっしゃいます。

もちろん、税理士にも得意分野があり、法人が得意な人は「個人の資産税関係にはあまり興味がない」ということもあるかもしれません。でも実は、法人を見ている税理士だからこそ、気づいてあげられる「社長の相続問題」があるのです。

この章では、法人担当の税理士として「社長の相続を困ったものにしないために」気をつけておきたいポイントについて紹介します。自分の担当先で、該当するところがないか、の確認に使っていただければと思います。

会社の顧問税理士が、社長個人の相続のことまで考えているとわかってもらえれば、今後、相続についても話がしやすくなり、相続対策へと進んでいきやすくなるのではないでしょうか。

相続の基本的な知識については、ページの関係上ここでは紹介していません。ただし、この章の一番最後に、簡単ではありますが、社長の相続対策の進め方について説明しています。
「相続対策をどのように始めたらいいのかわからない」という方は、参考にしていただければと思います。

2-2

多額の「社長借入金」がある場合の相続対策

相続税はかからないと思っていた事例

私たちが、相続相談で（社長の）会社の決算書を見るときに、まず確認するのが、「社長借入金はどうなっているか」と「社長の保有している自社株の評価額」です。この２つは、社長ならでは起こりうる相続の問題点です。

まず、「社長借入金」について事例でみていきましょう。

佐藤さん（仮名）は、小さな会社の経営者でしたが、いまは現役を退き、会社の株も経営も長男に引き継ぎました。会社の顧問税理士は、創業当時から同じ税理士がついています。

佐藤さんは、自分に相続税はかからないと思っているのですが、心配性の妻に頼まれて、私の事務所に２人で相談にきました。

そこで見つけたのは、決算書上にたまっていた高額な「**社長借入金**」です（佐藤さんはすでに社長を引退していますが、ここでは便宜上「社長借入金」という言葉を使います）。

＜佐藤さんの状況＞

- 相談者……元会社経営者（78歳）
- 家族関係…（推定相続人２人）
  - ・妻（75歳）：佐藤さんと同居
  - ・長男（50歳）：会社経営者／親と別生計（持家）
- 財産状況…自宅（土地・建物）：相続税評価額 3,000万円
  現預金：2,000万円
  会社への貸付金：１億円

当初、佐藤さんの話では、相続財産は自宅不動産と現預金だけということでした。話のとおりであれば、相続財産は5,000万円です。相続人２人の場合の基礎控除額である4,200万円は超えていますが、佐藤さんは財産はすべて妻に相続させようと考えていたので、相続税の配偶者の税額軽減を使えば相続税の心配はありませんでした（配偶者は、１億6,000万円または法定相続分のいずれか大きい金額までは相続税がかからない）。

しかし、話をうかがっているうちに、佐藤さんが元会社経営者だったことがわかりました。そこで、「念のために会社の決算書を拝見できますか」と、頼んで見せてもらったのです。

冒頭でもいったように、相続相談で（社長の）会社の決算書を見るときに、まず確認するのが、「社長借入金」と「自社株の評価額」です。

佐藤さんの場合、申告書の「同族会社の判定に関する明細書」（別表二）に記載された株主は長男だけでしたので、自社株については、承継が終わっているようでした。しかし、貸借対照表に異常に膨らんだ「借入金」があり、「勘定科目内訳書」で確認すると、佐藤さんからの借入金が１億円もあったのです。

社長借入金を含めて相続税を試算したところ、相続財産１億5,000万円に対して、相続税の総額は1,840万円（配偶者の税額軽減の適用前）でした。佐藤さんは、「財産はすべて妻が相続すればいい」と考えていたので、その場合は一次相続では相続税はかかりません（相続財産が１億6,000万円以下のため）。

ただし、妻が亡くなったとき（二次相続）では、2,860万円（現状の財産で試算）の相続税がかかりそうです。

この試算に佐藤さんは、大きなショックを受けました。それもそのはず、自分には相続税など関係ないと思っていたのです。佐藤さんは、自分が会社に貸したお金が相続財産になることも知りませんでした。しかも、その額が１億円にまで膨らんでいたこともご存じなかったのです。

社長借入金は相続財産！

会社の資金がショートしそうなときに、社長が個人の財産から運転資金を会社に入れることはよくあります。これが「社長借入金」です。また、会社と個人の財布の区別ができていないような場合、社長が会社の経費を個人の財布から払ったものが「社長借入金」として残ってしまう、ということも多々あります。

後で精算しようと思っていても、会社に資金がないからとそのままにしてしまったり、気がつくと「社長借入金」が積み上がってしまったということはよくあることです。

さらに、あってはいけない話ですが、税理士が内容のわからない入出金をしっかり確認もせずに、とりあえず「社長借入金」等に計上しているケースや、資金がないからと長期にわたって役員報酬を未払いにしていてたまった「未払金」も、社長借入金と同じく会社からみると社長に対する債務になってしまいます。

佐藤さんにも、運転資金や、社屋改修費用の立替金、未払いの役員報酬などがあったそうです。「自分の会社だから無理して返さなくてもいいよ、とそのままにしていた」といいます。

社長にとって「社長借入金」は会社から返してもらう権利のある債権です。社長が亡くなったときに残っている「借入金」は、社長の相続財産になるのです。

しかし、高額な社長借入金が返済されずに残っている場合、会社に返済能力がないケースが多く、そうなると、相続人からみると「返してもらえそうもない財産に対して、高額な相続税を払う」ことになってしまうのです。

佐藤さんの顧問税理士は、「社長借入金」が相続財産になると気づいていたのでしょうか。残念ながら、おそらく気づけていなかったと思います。

他にも「社長借入金」の弊害はあります。佐藤さんの会社のように社長借入金が多くなれば「債務超過」にもなります。債務超過の決算書では、金融機関から融資は受けられません。「社長借入金」が原因で資金が調達できなくなるような状況は排除しておくべきです。

社長借入金を解消するには

佐藤さんの相続対策の目玉は、「社長借入金」を減らすことです。

では、「社長借入金」を解消するにはどんな方法があるのでしょうか。考えられる方法は主に次の４つです。

＜社長借入金の解消方法＞

①会社から返済する	②債務免除
③資本金への振替え	④贈与する

それぞれの方法について順にみていきましょう。

①会社から返済する

月々少しずつでも会社から借入金を返済してもらう方法です。会社に資金がない場合は、**役員報酬を減額して差額を返済に充てる**という方法をとることもあります。

たとえば、月50万円だった役員報酬を20万円にして、減額した30万円分を借入金の返済にするという方法です。この方法は、社長の報酬が低くなるため、所得税等や社会保険料の負担も減少し、社長個人としてはメリットがあります。

一方、法人側では、役員報酬という経費は減るが、キャッシュフローとしては、借入金を返済するため負担額は変わらないことになります。赤字や繰越損失があるなど、法人税の心配のない会社にはいい方法といえます。

②**債務免除**

会社に対して、「貸したお金は返さなくてもいい」と債権を放棄する方法です。ただし、会社には、返済免除を受けた金額分が利益（**債務免除益**）になります。

仮に、１億円の免除を受けると１億円の利益になるということです。そのまま課税されると、数千万円もの法人税がかかってしまうので、赤字や繰越損失額の範囲内など、大きな税金がかからないように行なうことが一般的です。

それ以外にも注意してほしいことがあります。

それは、株主への「**みなし贈与**」です。借入金がなくなり、債務免除益という利益が増えると、その会社の株価が上がる可能性があります。たとえば、佐藤さんが会社に対して債権放棄をすると、長男の持っている株価が上がることがあるということです。この上昇分は贈与とみなされて、贈与税が課税される可能性があるので、要注意です。

③**資本金への振替え**

社長借入金を資本に振り替える方法もあります。「ＤＥＳ」（デット・エクィティ・スワップ）といわれます。借入金（負債）が減少し、資本が増加することになるわけですから、自己資本比率が高くなり、会社の信用が上がり、金融機関からの資金調達の円滑化などが期待できます。

なお、この方法には「現物出資型」と「現金払込型」の２つがあります。

【現物出資型】

ここでいう現物とは、「社長借入金」です。この方法で注意すべきは、回収可能額です。現物出資ということは、現物を時価で評価することになりますが、「社長借入金」の時価は回収可能額です。

たとえば、1,000万円の社長借入金を現物出資したけれども、会社が債務超過に陥っていて、「ＤＥＳ実行時の回収可能価額が500万円」というように、現物出資する「社長借入金」よりも低くなることがあります。

1,000万円の「社長借入金」を現物出資してもらい、500万円分の株式を渡す、ということになれば、会社としては500万円トクしたことになりますね。この500万円分が「債務消滅益」と見なされ、法人税の課税対象になることもありますので、注意が必要なのです。

【現金払込型】

「現金払込型」は社長が消滅させたい「社長借入金」と同じ額を会社に出資し、会社が社長から振り込まれたお金を使って「社長借入金」を返済する方法です。

社長から出資されたお金に税金はかかりませんし、社長に返済されたお金にも税金はかかりません。ＤＥＳを行なう際には、現金払込型がリスクの少ない方法といえます。

ただし、ＤＥＳで振り替えた結果、資本金が増えると、均等割の負担など法人税等が高くなる可能性がありますので、注意が必要です。

また、社長が取得した株式（自社株）の価額が高額になって、その自社株に高額な相続税がかかる可能性もありますので、**自社株対策も並行して行なう**必要があります。それを避けるために、子供が会社に資金を入れて増資をし、入れた資金で社長借入金の返済をするという方法もあります。

④贈与する

社長借入金を子供に贈与するという方法もあります。ただし、高額な借入金を贈与税の非課税枠などを利用して定期的に贈与する方法は、「**定期金の贈与**」と認定され、高い贈与税を課税されるリスクも考えられますので、慎重な検討・対応が必要だと思います。

「定期金の贈与」とは

たとえば、毎年100万円ずつ10年間にわたって贈与を受けることが、贈与者との間で契約（約束）されている場合には、契約（約束）をした年に、定期金給付契約にもとづく定期金に関する権利（10年間にわたり100万円ずつの給付を受ける契約に係る権利）の贈与を受けたものとして贈与税がかかるというものです。

たとえば、Ｃさんが１億円の借入金を長男に20年にわたって、贈与しようと約束をして、毎年500万円ずつ贈与した場合に、「定期金の贈与」とみなされると、その約束をした年に１億円の贈与があったものとして１億円に対する贈与税がかかるということです。

話は佐藤さんに戻りますが、１億円もの借入金は、１つの方法で短期間に解消するのはかなり厳しいといえます。

でも、まだ佐藤さんが元気なうちに気がついたのは不幸中の幸いです。時間をかけて、いろいろな方法を組み合わせて、解消していくことができます。これがもし、相続のときにはじめて判明したとしたら、佐藤さんの家族は大きな相続税を負担しなければならなかったし、担当税理士は信用を失ってしまったでしょう。

みなさんも、記帳業務、申告業務、会社への訪問と毎日忙しくされていると思います。でも、たまには立ち止まって、自分の仕事を見直してみてください。

脅かすつもりはありませんが、みなさんが作成している決算書の数字によって、社長に将来とんでもない相続税がかかってくることもあるのです。

2-3

自社株には高額な相続税がかかることがある

自社株対策をしなかった失敗事例

「自社株」は、社長の相続にとって重要ポイントです。ここでは、自社株について何の手立てもしなかったばかりに大変な思いをした事例を紹介しましょう。

＜事　例＞

- 被相続人…鈴木さん：会社役員（60歳）
- 相続人……妻（60歳）・娘（35歳）の２人
- 資産状況…自宅：相続税評価額2,000万円
現預金：8,000万円
自社株：３億円（出資額は1,000万円）
- 相続税の総額：１億920万円（配偶者の税額軽減の適用前）

相続税の申告を依頼した時点では、会社の株価はわかっていませんでした。鈴木さん（仮名）が経営していた会社は、鈴木さんが30代で始めたＩＴ関連の会社がその後、従業員を増やし、海外の仕事も受注するなど急成長しました。鈴木さんは、突然倒れて急逝されましたが、それまで家族に会社のことを話すことはなかったそうです。

自社株のことなど頭にない妻と娘さんは、「財産は妻が自宅も現預金ももらえばいい」という話になっていて、配偶者の税額軽減を使えば、相続税はかからないと考えていました。

相続財産は、相続税の基礎控除額（相続人２名なので4,200万円）を超えているため、税理士に相続税の申告を依頼したところ、残された会社の株（自社株）の相続税評価額が高くなる可能性があるとはじめて知らされたのです。

さっそく会社の顧問税理士に相談に行くと、「自社株評価を頼まれたことはなかったので、評価もしたことがない」との回答。たしかに、まだまだ働き盛りだった鈴木さんも顧問税理士も相続のことなど考えていなかったのでしょう。

計算の結果、自社株の評価額は３億円、相続税の総額は１億920万円となってしまいました。

もし、事前に自社株がこんなに高額になって、万が一の相続のときには多額の相続税がかかるとわかっていれば、生命保険の加入や自社株の贈与、従業員持株会の設定など、いろいろ対策を講じることができたはずです。

自社株は資金化するのが難しい財産ですが、相続することになると高額な相続税がかかってしまうのです。鈴木さんの会社の株も、相続税評価額と同じ３億円で買ってくれる人なんていないでしょう。しかも、ワンマン経営者だった鈴木さんの急死を受けて、会社は立ち行かなくなりそうだとのこと…。本当にお気の毒です。

みなさんは、クライアントの自社株の株価評価をしていますか？

社長に「自社株の評価をしておきましょう」と伝えると、「自社株の金額なんかわかっているから、わざわざ報酬を払って計算してもらわなくても大丈夫」という返事が返ってくることがあります。

でも、自分で自社株の評価ができる社長なんて、ほとんどいません。最初に1,000万円を出資したから、持っている株式は1,000万円（つまり「出資額＝評価額」）と勘違いしているのです。

しかし実際は、会社の成長に合わせて、非上場株式の評価額は変わります。出資した金額の10倍、20倍の評価額になっている可能性だってあるのです。

◎株の保有割合によってできること◎

株の保有割合	株主のできること
100%	代表取締役が100%の株を保有すれば、会社のすべてのことを決定できる
3分の2以上	株主総会の特別決議ができる（取締役の解任・合併や解散・定款変更など）
2分の1以上	株主総会の普通決議ができる。 過半数であれば会社で一番の権力を持つことになるが、単独では特別決議できない
3分の1以上	特別決議を単独で阻止することができる
3%以上	株主総会の招集・経理関係資料などの帳簿の閲覧を請求できる
1%以上	株主総会に議案を提出することができる

事業承継・経営の円滑化のためにも自社株評価は重要

事業承継・経営の円滑化のためにも、自社株の評価額を把握しておくことは重要です。株式は、その保有割合によってできることが違ってきます（上表参照）。事業承継では、後継者が円滑な経営を行なっていくために、自社株を分散させずに引き継がせることも重要なのです。事業承継については、7章で紹介します。

自社株の評価額を知ることは、相続税対策や事業承継の事前準備のためにも、必要なことです。

株価を評価するためには、税理士は報酬をもらいます。これが足かせとなって、自社株評価をしない社長もいるのですが、自社株の評価額を知らないことのデメリットやリスクをしっかり理解してもらい、定期的な評価をしていきたいところです。

2-4 高額な役員報酬で相続財産が増える!?

役員報酬がどんどん金融資産に積み上がっていく事例

これは、ある法人の顧問税理士が、役員報酬の見直しを怠っていたばかりに、高い所得税・住民税を支払うことになり、ひいては相続財産までもが増え続けていたという事例です。

渡辺さん（仮名）は、土地持ちの資産家で、家業で酒屋の経営もしていました。相続税対策を依頼されてお付き合いをはじめたのですが、法人の決算書をみてびっくりしました。それは、「役員報酬」が高額だったからです。

<事　例>

- 相談者……渡辺さん：寡婦(80歳)／酒屋経営の同族会社役員
- 推定相続人…長男（52歳）１人
- 財産状況…自宅と賃貸不動産：相続税評価額５億円
現預金：１億円
- 推定相続税…２億4,000万円

同族会社の申告書を確認すると、数千万円単位の繰越欠損金が積み上がっていました。損失の理由を聞いたところ、経営していた４店舗の酒屋のうち２店舗を閉めたことがあり、そのときのものだといいます。

酒屋は現状、黒字経営ではありますが、年間課税所得は300万円前後。渡辺さんの役員報酬は1,000万円。仮に渡辺さんの報酬をゼロにしても、法人税は当分かかりそうにありません。

一方、渡辺さんは個人で不動産賃貸業を営んでいて、その分だけでもかなりの税金を払っていました。個人の所得税率は45%、住民税を合わせると55%。高額な報酬もあいまって、相当な所得税を払っていたのです。

役員報酬を引き下げる節税効果

なぜ、こんな高額な役員報酬をもらっているのかと聞いてみたところ、役員報酬は昔から変わらずにこの金額だといいます。

渡辺さんは、金融資産（現預金）を1億円以上持っています。賃貸不動産からの収入もありますし、生活費もあまりかからないので、役員報酬でもらう分はほとんどが預貯金として金融資産に積み上がっている状態でした。

渡辺さんの推定相続税率は50%。仮に、毎年800万円ずつ使わない現預金が積み上がるとすると、ざっくり計算で「年800万円×50%＝400万円」ずつ相続税が高くなっていくということです。大変な金額です。

渡辺さんは、不必要に高額な役員報酬をもらっているばかりに、所得税・住民税だけではなく、将来の相続税まで余計に払うことになってしまうのです。

そこで、渡辺さんの長男とも相談をして、役員報酬を年間200万円程度に抑えることとしました。その結果、所得税・住民税・相続税合わせて年間500万円以上の節税が可能となりました。この効果が10年続けば、5,000万円の節税になります。渡辺さんと長男は、「いままでなんてムダなことをしてきたんだと思う」とおっしゃっていました。

「お客様の役員報酬は、決算後に毎期見直しをしている」という税理士がほとんどだとは思いますが、なかには「ずっと報酬を変えていない」という会社もあります。

役員報酬は、法人税・所得税・住民税だけではなく、このように相続税にもかかわってくることがあります。役員報酬をいくらにするかは、いろいろな税金（＋社会保険料も）について比較検討して、

決めるべきということです。

ちなみに、渡辺さんは法人の顧問税理士と個人の確定申告の税理士を別の人に頼んでいました。法人は、先代からの長い付き合いのある税理士で、個人の確定申告はもっと安価で見てくれる税理士に依頼していたそうです。こういうお客様は意外に多くいらっしゃいます。

でも、これはもったいないことです。１人の税理士が法人も個人も担当して、全体を見ながら税金のバランスをコントロールしてもらうことがベストです。

2-5 相続対策を行なう手順

相続対策はどのように進めたらよいのか

この章の最後に、「相続対策なんてやったことがない」「社長にどう話をしたらいいのかわからない」という方のために、簡単に相続対策の進め方について紹介します。

相続対策には、**「相続税対策」「納税資金対策」「遺産分割対策」の３つの対策が必要**といわれています。この３つとも税理士が得意とする数字に落とし込むことで、どんなリスクがあるのかを確認することができます。

相続対策というのは、想定できるリスクを見つけて対策を行なっていくことです。具体的な進め方は以下のとおりです。

相続対策の進め方

①財産リストの作成
②リストから、誰に何を相続させるかを決める
③上記②で決めたことを遺言書で法的に有効な形にする
④上記①のリストと②の分け方をもとに相続税のシミュレーションを行なう
⑤相続税がかかるようであれば、節税対策をする
⑥所有している金融資産などで相続税が払えそうもない場合は、納税資金の準備をする

この手順に沿ってみていきましょう。

①財産リストの作成

どんな財産をどのくらい持っているのかがわからなければ、その

人の相続にどんなリスクが潜んでいるか、わかりません。ですから、相続対策を行なうためにまず必要なのは、財産リストの作成（社長の財産状況の把握）です。

といっても、いきなり「社長の全財産を開示してください」とは頼みにくいし、教えてくれないかもしれません。その場合は、**「不動産情報」と「金融資産の概算」の確認**だけでもいいと思います。このくらいなら、けっこう気軽に答えていただけます。

「不動産情報」は、固定資産税の納税通知書を見せてもらいましょう。税理士に固定資産税の資料を見せるのを嫌がる方は少ないと思います。

所有している「金融資産」についても、大まかにうかがって、まずは相続財産の概要を把握します。もちろん、自社株についても確認しておきましょう。

②リストから、誰に何を相続させるかを決める

①で確認した情報をもとに、家族にどの財産をどう分けるかを考えてもらいましょう。「すでに、ある程度は考えている」という方もいるかもしれないし、「法定相続分どおりでいいよ」などという方もいるかもしれません。

すべての財産が金融資産だけというのであれば、「法定相続分どおり」に分けられるかもしれませんが、不動産や有価証券、自社株などいろいろな財産があると、どのように分けるかを決めるのは大変です。

そういったことを気づかせてあげるのも、私たち税理士の仕事です。そして分け方が決まったら、できれば家族とも話し合ってもらえるとよいと思います。

③上記②で決めたことを遺言書で法的に有効な形にする

相続で一番こわいのは、「**遺産分割争い**」です。相続税の申告期限までに遺産分割が整わなければ、「小規模宅地等の特例」や「配偶者の税額軽減」といった大型の特例等が利用できず、高額な相続税を払うことになる可能性もあります。

また、自社株の相続などでモメてしまえば、会社運営にも支障をきたすこともあります。そして、なんといっても、相続がきっかけで家族がバラバラになってしまうという、悲しいことは避けたいところです。

財産の分け方を決めたら、口約束で終わらせず、必ず「遺言書」で法的に有効な形にしてもらいましょう。遺言書は、書き直しすることができます。気持ちが変わったら、また書き直せばよいのですから、まずは一度つくってみることをおススメしてください。

④上記①のリストと②の分け方をもとに相続税のシミュレーションを行なう

相続税がいくらかかりそうかをシミュレーションします。最初は相続財産を開示するのを渋っている人でも、相続税の額を見せて「もっと正確に知りたければ、もう少し詳しく教えてください」というと、追加の情報をくれたりします。

⑤相続税がかかるようであれば、節税対策をする

相続税のシミュレーションを行なった結果、相続税が必要になるようでしたら、節税対策を検討し、実行できるようにします。

⑥所有している金融資産などで相続税を払えそうもない場合は、納税資金の準備をする

相続税がかかる場合に、持っている金融資産では納税額に足りそうもないということであれば、「納税資金対策」が必要です。不要な資産の売却や保険の活用などの対策を検討します。

相続対策でビジネスチャンスを

この章では、社長の相続で注意を払っていただきたいポイントについて説明してきました。法人関係の仕事で忙しくしていると、個人の相続のことまで考える余裕はないかもしれません。

それでも、そろそろ相続について考えてもよさそうな年頃の社長がいたら、ぜひ相続対策を切り出してみてください。

相続対策は、税理士にとってはビジネスチャンスでもあります。いったん、相続税のシミュレーションのための情報が開示されたら、できることは相続税の計算だけにとどまりません。そこには、お客様のためにできることがたくさん眠っていると同時に、税理士にとってのビジネスチャンスも眠っているのです。

保険、不動産、証券、遺言書などなど、提供できるサービスを駆使して、お客様のために提案・実行していきたいところです。

この章で紹介した事例は、「こんなことに気をつけないと、こんな大変なことになりますよ」と、社長と相続の話をするきっかけづくりにも利用していただければと思います。

法人と社長個人の両方の課題を確認して、全体最適な方法を提案することが、大切なお客様のためになることだと確信しています。まずは、できるところからはじめてみてください。

3章

「保険」相談編

加入している保険内容をしっかり把握しよう

相続対策になる保険の入り方は？

掛け捨て保険って損なのでは？

途中解約の損得は？

3-1 どんな保険に入っているか実はわかっていない!?

お客様の入っている保険を見せてもらおう

みなさんは、お客様が加入している保険を把握していますか？

日本人は保険好きといわれており、人生のなかで家の次に高いコストがかかるのが、保険といわれています。

税理士として、せっかく頭をひねって少しでも税金を安くしようとがんばっても、もう一方の蛇口から、保険料がジャブジャブ出てしまっていては、元も子もありませんね。

しかも、それが「よい保険」、お客様に役に立つ保険であればまだしも、そうでない確率はとても高いのです。

実際、自分がどんな保険に加入しているかをちゃんと理解している人はあまりいません。試しにお客様に「ご自分や会社がどんな保険に入っているのか知っていますか？」と聞いてみてください。

たぶん、自分の入っている保険をすぐに答えられる人は1人もいないと思います。家の次に高いコストをかけているにもかかわらずです！

余談ですが、保険営業マンからみれば、税理士の立ち位置はとてもうらやましく映ると思います。保険営業マンがいきなり「どんな保険に入っているのか、全部見せてください」といったって、お客様は警戒して、そうやすやすとすべてを見せたりしないものです。

でも、顧問税理士はすでにお客様の信頼を得ていますから、頼めばすぐにそろえてくれるはずです。

保険の見直しを考えてあげることはビジネスチャンス

私は、お客様には「保険や金融商品をすすめられたときは、必ず相談してくださいね」と伝えています。たいていの場合、お客様はすすめられた保険の内容を理解できていません。「保険会社や銀行の人が、いい保険だというんだから、いいんじゃないかな？」くらいの認識です。

ですから、私が内容を把握して、**その保険がどういった保険なのか、メリット・デメリットは何か、すでに加入している保険との兼ね合い**など、それらを踏まえたうえで入るべきかどうかを説明するようにしています。

すでに入っている保険の見直しや、金融機関にすすめられた保険の見直しなどといわれても、「仕事が増えるだけで、ただ働きになってばかばかしい」と思うかもしれませんが、すすめられた保険に加入しようかどうしようか悩んでいるということは、その保険がよければ入ってもいい、と考えているということ。

すすめられた保険よりも、よい保険を私たちが紹介できれば、それが私たちのビジネスになります。保険の見直しもしかりです。どうせ保険に加入するなら、私たちから入ってもらえばよいのです。

もしすすめられた保険やすでに加入している保険がいい保険で、こちらのビジネスにならなかったとしても、「○○さんに聞けば、フラットに教えてもらえる」という信頼を得ることができますし、お客様に信頼されて「なんでも聞いてもらえる」存在になるということは、ビジネスチャンスを逃さないということにもなります。

とはいえ、「私は保険が苦手！　よくわからない」という人もいるでしょう。たしかに、いまの保険は複雑でわかりにくい。たくさんある保険商品のなかからよいものを探し出しておすすめしろ、といわれてもすぐにはできないと思います。

そのかわり、保険会社が提案してきたものやすでに加入している保険を理解して、お客様に説明することは、税理士ならできるはずです。
税理士なら「数字が苦手」という人はほとんどいないと思います。保険も結局は、数字の集まりです。電卓をたたけば、どういうしくみでどんな効果があるのかなど理解することは可能なのです。

そこで、この章では「保険はよくわからない」という人でも、保険のチェックができるようになるために、どんな点に注意したらいいのか、保険をどう考えればいいのか、といったことを具体的な事例を用いて紹介しようと思います。

保険と税務には密接な関係があり、すべてを紹介することはできませんが、これだけは知っておいていただきたい、と思うことについて紹介していきたいと思います。

◎生命保険で押さえるべき６つのポイント◎

①相続税対策になる生命保険の入り方

②外貨建て保険の正体を知る！

③保険は掛け捨て！　と考える理由

④損切りしても途中解約すべきか？

⑤医療保険は、いる？　いらない？

⑥法人の節税保険、実際にあった“とんでも提案”

3-2 相続税対策になる保険の入り方

 すすめられるままに保険に加入した資産家の例

資産家の山田さん（仮名。70歳）は、「知り合いの保険営業マンがきて、相続税対策になるからとすすめられたので加入した」という保険証券を見せてくれました。

山田さんが、加入した保険は、次のとおりです。

＜山田さんが加入した生命保険＞

- ●保険金額…1,000万円
- ●受取人……妻と孫に１／２ずつ
- ●保険料の払い方…保険料５万5,170円／月：終身払い
- ●山田さんの推定相続人…妻・子２人：計３人
- ●山田さんはすでに2,000万円の死亡保険に加入済：受取人は妻

さて、これを見てどう思いますか？　突っ込みどころ満載だと思いませんか？　ここでのポイントは、「保険金額」「受取人」「保険料の払い方」の３つです。順を追ってみていきましょう。

 ポイント①：保険金額

山田さんは資産家ですから、それなりの相続税がかかってきます。そのため、相続税対策として生命保険の非課税枠を利用するのはよいことだと思います。ただし、山田さんの推定相続人は３人ですから、非課税になるのは、「**500万円×３人＝1,500万円**」です。すでに、2,000万円の死亡保険に加入している山田さんに、これ以上の保障は必要ありませんでした。

保険営業マンは、とにかく保険に加入してもらうほうがいいので

すから、「相続税対策に保険は有効です」と非課税枠を超えた保険金額をすすめることがあります。

実際、保険営業マンが女性資産家に対して「生命保険には非課税枠があるので、相続税対策に有効です」と、5,000万円の一時払いの保険をすすめているのを見たことがあります。その女性の推定相続人は２人。非課税枠は1,000万円でした。

相続税対策として生命保険を活用する場合、非課税枠を超えて保険金を受け取っても、超えた部分に節税効果はありません。ただ、保険の営業マンからすれば「損をするわけではないから、いいんじゃないか」と思うのかもしれません。

でも、税理士の立場からいえば、数百万〜数千万円という大金が、節税の役にも立たない生命保険として亡くなるまで使えなくなるなんて、もったいないと思いませんか？　それならば、自由に使える現金として持っておいて、生前贈与や不動産の購入など、他の節税対策の原資にしてもらうほうがよいと思うのです。

山田さんについても、すでに加入している保険（2,000万円）のうち非課税枠（1,500万円）だけを残し、500万円部分は解約することも検討したいところです。

資産家で、**相続税の非課税枠を超えた大きな保険に加入している場合は見直しのチャンス**です。繰り返しになりますが、非課税枠の超過部分を解約して、他の節税対策や人生を楽しむために使ってほしいと思います。

とはいえ、やみくもに解約してしまうと思わぬ損をしてしまうことがあります。解約をするときには、損をしないか、もしくは加入しているほうが有利かどうかをしっかり見極める必要があります。

解約するかどうかの判断ポイント

保険を解約したときの「**解約返戻金**」が「それまで払った保険料の総額」よりも目減りする場合は、解約すると損することになります。

資産家が大型の保険に加入している場合、保険料を一時払いしているケースも多いと思います。一般的に、一時払い保険の場合は、保険料を払い込んで５年程度たつと、解約返戻金が払込保険料を下回らなくなることが多いので、保険に加入したばかり、というような場合には、解約返戻金が支払い保険料を上回る時点を待って解約するとよいでしょう。

解約しないほうがいい保険としては、「**低解約型**」といわれる保険です。これは、支払った保険料に対して受け取れる保険金が大きいという特徴があります。その反面、途中で解約しても、解約返戻金はほとんど返ってこないしくみになっています。

保険を解約すべきか、解約するとしたらいつがいいのか、といったことも、保険料と解約返戻金の額を電卓をたたくことで、ある程度確認できるものです。

ただし、実際に解約をする場合には、お客様にメリット・デメリットを説明し、理解していいただいてから行なうようにしましょう。

ポイント②：受取人

相続税で生命保険の非課税枠が使えるのは、**受取人が相続人の場合**に限られます。

山田さんは、「孫にお金を残してあげたいと保険営業マンにいったんだ」とおっしゃっていましたが、もし非課税枠を利用しようと思っていたのであれば、代襲相続人ではないお孫さんは非課税枠を利用できません。それだけではありません。孫の相続税は２割増し、そのうえ、相続開始前３年以内の贈与も相続税の課税対象にもなってしまいます。

とはいえ、山田さんはもしかしたら「税金が高くなっても孫に生命保険を残したい」と考えていたのかもしれません。それならそれでいいのです。ただし、税理士としては、その場合は税金が高くつく（相続税の２割増し）という説明をする必要があるということ。「生命保険ではなく、生前贈与で差し上げてください」といった提案だってできますね。

受取人を妻にするのも、節税という視点でいうともったいないです。生命保険というと、「受取人は妻だよね」と考える人が多いのですが、**相続税の節税目的で加入する保険の場合は、受取人は妻以外がおススメ**です。妻は１億6,000万円もしくは法定相続分までは相続税がかからないからです。

相続税がかからない人に相続税がかからない財産をあげるより、相続税がかかる子などにあげたほうが節税効果は高いのです。すでに加入している保険も、受取人は子どもに変更したほうがいいというわけです。

実際にあった話ですが、保険代理店の社長のお義父様の相続税の申告を受けたときのことです。非課税枠ぴったり（1,500万円）の生命保険に加入していたのですが、受取人は妻になっていました。金融資産は他にもたっぷりあったので、生命保険は子どもを受取人にして、妻には金融資産を相続させていれば、相続税は100万円ほど安くなっていました。

社長の奥様は、「父が亡くなる間際に、相続税の対策になるから、と夫が急遽、加入手続きをしてくれたんです。助かりました」と…。さすがに、「受取人を子どもにしていたら、もっとよかったのに」とはいえませんでした。

このように、保険のプロでもそこまでは気がつかない、ということもあるのです。私たち税理士が保険のプロとは違う目線で、保険を見直してあげる甲斐はあるということです。

妻の保険料を夫が払っているような場合は要注意！

生命保険は「保険料負担者」「被保険者」「受取人」の関係で、かかってくる税金が下表のように変わってきます。

◎死亡保険金の課税関係◎

契約者（保険料負担者）	被保険者	受取人	課税関係
父	父（死亡）	子（母）	**相続税**
子	父（死亡）	子	**所得税（一時所得・雑所得）**
父	母（死亡）	子	**贈与税**

夫が、専業主婦の妻の保険料を負担しているケースはよくあると思います。たとえ契約者の名義が妻になっていたとしても、税務上は「保険料負担者が誰なのか」で判断しますから、夫が保険料を負担していた場合、所得税か贈与税の対象になります。

このケースで気をつけたいのは、「妻が死んで夫である自分が保険金をもらっても、しょうがない」からと受取人を子どもにしているパターン。この場合、もし妻が夫よりも先に亡くなると、子どもが受け取る保険金は贈与税の対象となります。

ご存じのとおり、贈与税の税金は高いです。たとえば、2,000万円の生命保険金にかかる贈与税は、585万5,000円。3,000万円だと1,035万5,000円です！　支払っていた保険料の額によっては、保険料と税金の合計額が、保険金を上回ってしまった、なんてことにもなりかねません。

こういった場合は、受取人を夫に変更することで、万が一のときにかかる税金を所得税にすることができます。夫が先に亡くなった場合は、保険の解約返戻金相当額が生命保険契約の権利として相続税の対象になりますが、妻が相続すれば、妻が亡くなったときには相続税の対象になります。

また、これから保険に加入しようという場合であれば、**夫から妻に金銭を贈与して、妻がもらったお金で自分の口座から保険料を引き落とす**ようにすれば、妻本人が負担したことになりますので、それが一番おススメです。

ポイント③：保険料の払い方

話は戻りますが、山田さんの保険でもう１つ気になったのが、保険料の払い方です。

山田さんは、手元から一気に現金が減るのが嫌だということで、月払いを選択したといいますが、このケースでは、これは大変もったいないです。ちょっと計算してみましょう。

保険料が月払い５万5,170円ということは、年間で66万2,040円。保険金は1,000万円ですから、「1,000万円÷66万2,040円＝15年ちょっと」です。

山田さんは、いま70歳ですから、85歳を超えるともらえる保険金よりも払った保険料のほうが増えてしまう可能性があります。「こんな保険はめったにないでしょう」と思われるかもしれませんが、なかにはこんなバカな（失礼）保険に加入している人もいるのです。保険は本当に気が抜けません…。

3-3

外貨建て保険の正体を知る

内容を理解もせずに外貨建て保険に加入した事例

資産家の恵子さん（仮名。65歳）は、保険会社からきた「現在のご契約内容のご報告」という書類を私に見せながら、「これってなんでしたっけ？」と聞いてきました。内容を見ると、5年前に銀行経由で加入した「一時払いの米ドル建ての変額終身保険」です。払込保険料は1,000万円。書類には、「現在の評価額890万円」と書いてあります。

「なんでこの保険に入ったんですか？」と聞くと、「定期預金が満期になったときに銀行の人が来て、『元本保証で、しかも普通預金に入れておくより、利率がいいですよ』としつこくすすめられたから、入っちゃったのよ。銀行の人がすすめるなら大丈夫だと思ったし…」とのこと。

ちょっと驚く話ですが、こういったことはよくあります。「**外貨建て保険**」とは、その名のとおり外貨ベースで保険料を支払い、その国の国債を中心にお金を運用して、保険金も外貨で受け取るというもの。

日本の国債よりも利回りがよいので、金融機関としても「利回りがよい」とすすめやすい商品です。終身保険、変額保険、年金保険などいろいろな種類がありますが、たいがいの場合「死亡保険金は、払い込んだ外貨ベースで元本を保証」するものとなっているので、「元本保証」をうたって、顧客を安心させることもできます。

なぜ外貨建て保険をすすめるのか

資産家や退職金の運用を考えているような、まとまったお金をもっているお客様が必ずといっていいほどすすめられるのが、この「外貨建て保険」。なぜ、金融機関がこの商品をすすめるかというと、金融機関にとってこの保険が儲かる、つまり販売手数料が高いからです。

銀行の大きな収益源は融資利息。しかし、現在の低金利下では融資利息で収益を稼ぐのは大変です。ちなみに、民間金融機関が信用力の高い優良企業に対して、１年以上の長期融資に適用する最優遇貸出金利、いわゆる長期プライムレートは、1990年いわゆるバブル期は8.90％でしたが、2021年は１％（日本銀行サイトより）です。これでは、融資利息で以前のように稼ぐのは大変です。

融資利息で収益があげられなくなった分、銀行も保険や投資信託の販売手数料をあてにするようになり、営業マンがこれらの商品を一生懸命売るようになったというわけです。

なかでも「外貨建て保険」は、「高利回り」「元本保証」と説明できるため（本当はこれが大問題なのですが）、投資信託よりも売りやすく、また販売手数料も投資信託よりも断然高いため、金融機関がこぞって販売するのです。

わからないものには入ってはいけないと教える

恵子さんが考えた「元本保証」とは、払い込んだ1,000万円よりも少なくならないということでしたが、加入した外貨建て変額保険は、恵子さんの考える「元本保証」ではありません。

この保険は、契約したときに1,000万円を払い込み、そのときの為替レートに合わせたドルを購入します。加入当時の為替は１ドル＝約114円だったので、1,000万円で買えたのは８万7,719ドルです。

ちなみに、このときのレートには、円からドルに換える為替手数料が含まれています。保証される元本とは、この８万7,719ドル。途中解約する場合には、そのときの運用実績によって、ドルベースでも元本を下回ることもあります。

元本保証されるのは、**死亡保険金をドルで受け取る場合**ということ。仮に、亡くなったときまで解約せずに持ち続け、遺族が死亡保険金として受け取ったとしても、そのときのレートが1ドル=114円以下であれば、日本円では元本割れしてしまいます。もちろん、受け取った保険金をドルから円に換えるときも為替手数料がかかります。

恵子さんが加入した変額保険は、払い込んだ保険料を運用して、運用益が出たり、為替がよくなれば利益が出る可能性もありますが、解約するときには、解約のための手数料などがかかります。つまり、儲けるのがなかなか難しい商品ということです。

この説明を恵子さんにしたところ、「そんなこと知らなかった」と落ち込んでいました。外貨建て保険がよいかどうかは別として、お客様にしっかりと内容を理解させないまま、高額な金融商品を販売することに大きな問題があります。私たち税理士は、こういった金融機関からお客様を守るべきだと思うのです。

1つ、お客様に伝えていただきたいことがあります。

「わからないものには手を出してはいけません！　複雑な金融商品には、いろいろなリスクが潜んでいます。契約する前に必ず税理士に相談してください！」

3-4

保険は掛け捨て！　と考える理由

掛け捨て保険よりお金が戻る保険のほうがいい？

みなさんは、「掛け捨ての保険」と「お金が戻ってくる保険」のどちらが好きですか？　ほとんどの人が「掛け捨ての保険」より「お金が戻ってくる保険」のほうが好きだろうと思います。

でも、実はその考え方にはリスクが潜んでいます。当たり前の話ですが、保険とは万が一のために備えるものです。

私は以前、保険の営業マンをしていたことがあるのですが、その当時受けた試験で、「保険は相互扶助、助け合いのシステムです」と習いました。

死亡や入院など万が一のときのために、加入者が保険料を払う。１人ひとりが負担する保険料は少なくても、多くの人が加入すれば、保険会社には大きなお金が集まります。そのなかから、万が一のことがあった人に保険金が払われる。このしくみがあるから、保険という制度が成り立つわけです。そして、そのころ「保険で貯蓄はもったいない。保険は掛け捨てに限る」と先輩営業マンに教えてもらっていました。

「それって本当かな？」と思い、当時、ＯＬさんなどに人気のあった「生存給付金付の保険」を同じ保障の掛け捨て保険と比べてみました。この保険は、３年ごとなど、決められた期間中に保険を利用しなかったときに、お祝い金が出るという保険です。

比較した結果、同じ保障の掛け捨て保険に入りながら、保険料が安くなった分を手元に持っていたほうが、高い保険料を払って生存給付金をもらうよりもちょっぴりオトクでした。

電卓をちょっとたたけばわかることなのに、「掛け捨てに入るのはもったいないけど、生存給付金がもらえるならこっちの保険に入ろうかな」という人がたくさんいて驚いたものです。

 掛け捨て保険は本当に損なのか?!

でも、いまの保険はもう少し複雑です。

掛け捨て保険は損をすると考えている田中さん（仮名。30歳、男性）が、営業マンにすすめられたという保険について説明してくれました。田中さんは、外貨建てにアレルギーがあるので、円建てで掛け捨てではない保険を検討していました。この保険はいま人気の変額保険だとのことでした。保険の内容は次のとおりです。

＜田中さんの加入保険＞

- 月払い保険料…２万円
- 保険期間・保険払込期間…30年
- 基本保険金額…931万円

（単位：万円）

経過年数		1年	5年	10年	20年	30年	
年齢		31歳	35歳	40歳	50歳	60歳	
払込保険料累計		24	120	240	480	720	②
死亡・高度障害保険金運用実績	−3%	931	931	931	931	931	
	0%	931	931	931	931	931	
	3%	931	931	931	931	931	
	6%	931	931	931	931	1,589	
払いもどし金運用実績	−3%	2	80	167	287	377	
	0%	2	88	194	385	577	①
	3%	3	95	226	526	931	
	6%	3	104	264	735	1,589	

上記の運用実績に応じた「死亡保険金」と「払いもどし金」の推移の表を見てください。運用実績が０％の場合、30年後の払戻金は577万円です（①）。30年間の合計保険料は720万円（２万円×12か

月×30年）ですから（②）、この差は143万円（720万円－577万円）。これが、30年間の生命保険のための費用だと考えられます。これを月額になおすと、１か月あたりの保険料は3,972円（143万円÷30年÷12か月）です。

では、30歳男性が931万円、30年の定期保険に加入したとしたら、どのくらいの保険料になるかというと、保険比較サイトに出ている他の保険会社の定期保険で見てみると、保険金1,000万円、30年保証で保険料は月額1,883円でした。田中さんがすすめられた変額保険の月3,972円と比べて、毎月2,000円も多くの保険料を払っていることになります。

保険は、安い掛け捨てにして残りのお金を運用すれば、保険会社が運用するよりも、月2,000円分、30年間でトータル72万円分を運用に回せるということです。この分を運用に回せば、30年後には大きな差になります。

６章で詳しく紹介しますが、資産運用のコツは、**かかるコストを低く抑える**ことです。その点、保険商品での資産運用は、保険会社がからむ分、どうしてもコストは高くなるので、資産運用に有利とはいえないのです。

上記の変額保険などは、結局、保険会社が用意した投資信託などの運用商品のラインナップのなかから、自分で、もしくは保険会社が選んで運用するスタイルです。それならば、保険は掛け捨てにして保険料を抑え、運用は自分で行なうほうが運用コストも抑えることができるし、理にかなっているということです。

ドル建て保険の加入に悩む事例

もう１つ事例を紹介しましょう。

大手企業を退職した吉岡さん（仮名。60歳）は、退職金の運用も兼ねたドル建ての保険を紹介されて、自分としては、「よいと思うんだが、どうだろうか？」と相談にきました。

保険内容は次のとおりです。

<吉岡さんがすすめられた保険内容>

- 保険料…一時払い、1,000万円（９万ドル）
- 死亡保険金・満期保険金…14万ドル：終身
- 30年保証／積立利率3.27％…その後は更改時の利率適用

一見すごくいいように思いますね。保険会社のパンフレットなどで、「利回り３％前後」という高い利率を目にしますが、これはいわゆる普通の利率とは考え方が違います。

違いの１つは、払い込んだお金すべてが運用対象とはならず、保険料部分を差し引いた積立部分のみが対象になるということです。もう１つは、対象となる積立部分からは、保険会社の運営コストが毎月差し引かれるということ。実際、保険会社のパンフレットにも次のような記載があります。

積立利率について

- 積立利率とは、積立金に付利する利率のことをいいます（保険料に付利する利率ではありません）。
- 積立金からは、死亡・高度障害保障のための費用などが毎月控除されます。そのため、積立金がそのまま積立利率で運用されるものではありません（積立利率は実質利回りを示すものではありません）。

（※）　控除される費用は、保険金額・契約年齢・性別・経過期間などによって異なりますので、一律には記載できません。

たしかに、もし９万ドルが年利3.27％で回るのであれば、毎年2,943ドルずつ増えることになります（９万ドル×3.27％）。30年なら、単利で考えても８万8,290ドル（2,943ドル×30年）。複利なら23万6,302ドルになります。

この保険の契約内容のように、30年後に９万ドルが14万ドルになるということは、保険料に対する複利でいえば年利1.5％です。これなら、運用成績のよい投資信託などで運用するほうが資産を増やすことができると思います。

しかも、この保険に加入すれば、30年間は解約すると元本割れのリスクがあるといいます。1,000万円もの大金を30年間触ることができないというリスクもはらんでいるということです。

こういったリスクを理解して、そのうえで加入を決断するというのであればいいのですが、みなさん耳あたりのいいところだけを聞いて、実際の検証をせずに判断しようとするので、もったいないと思うのです。

電卓をたたいて損等を考えよう

私個人としては、保険は掛け捨てで保険料を抑え、運用は運用商品で行なうのが一番理にかなっていると考えています。

とはいえ、外貨建て保険や運用を兼ねた終身保険に絶対入ってはいけないというつもりもありません。たとえば、相続税の非課税枠を利用するために保険に入る場合に利用するのであれば、吉岡さんがすすめられた保険はいい保険だと思います。

そういったメリット・デメリットをしっかり把握せずに加入すると、後悔することになると思っているのです。ただ単に、保険でお金が減るのが嫌だと思考を停止させて、損得の計算もせずにお金が戻ってくる保険に加入するということに問題があるのです。

私たち税理士は、電卓をたたいて見えている数字がどういう意味を持つかを計算したり、検証したりすることにアレルギーはありませんが、お客様にはそういったことが苦手な人もたくさんいます。

むずかしい説明を聞くと、思考がフリーズしてしまい、自分に都合のよいところだけを理解して決断してしまうというのは、本当によくあることなのです。

3-5 損切りしても途中解約すべきか？

付き合いで大量の保険に加入していた事例

相続対策を請け負ったお客様の道子さん（仮名。80歳）は、何と毎月100万円近い保険料を払っていました。道子さんは、とても人当たりのよい優しい雰囲気の女性です。保険会社の知り合いの営業マンに頼まれ、すすめられるままに保険に加入していたら、知らない間にこんな保険料になっていたといいます。

ちょっとびっくりする話ですが、道子さんまでとはいわなくても、付き合いで必要もない保険にたくさん入っている人は意外に多いのです。みなさんのお客様のなかにも必ずいらっしゃると思います。

道子さんは、自分の保険だけでなく、お子さんやお孫さんの保険まで加入していて、何が何だかわからない状態でした。

１つずつ保険の内容をチェックし、いる保険といらない保険を精査したところ、ほとんどいらない保険ばかり！　だというのに、自身の生命保険は500万円しか加入していませんでした。相続税率が40％にもなる資産家さんだというのにです。推定相続人は、子どもが３人ですから、保険の相続税非課税枠は1,500万円です。

チェックした結果、不要な保険は思いきってすべて解約しました。なかにはびっくりするほど、損だけの保険もまぎれていました。道子さんは、途中で解約してしまうと、営業マンに悪いし、いままで払ってきた保険料がもったいないのでは？　といっていましたが、保険は義理で入るには、あまりにもお金がかかりすぎます。

また、それまでの損をもったいないと思うあまり、これから損を増やすことはすすめられません。息子さんや娘さんの助言も得つつ、解約手続きを進め、それらの解約返戻金の一部を充てて、相続税の非課税枠の範囲内で、1,000万円の一時払い終身保険に加入してもらいました。

余談ですが、死亡保険などについている特約は、割高です。いま、医療保険は価格競争になっていて、一昔前と比べて内容は進化し、価格は下がっています。もし、お客様の生命保険に入院や通院などの特約が付いている場合は、特約を解約し、必要な医療保険を新たに加入するだけで、コストを下げられる可能性が高いのです。

ちなみに、道子さんもありとあらゆる保険に、これらの特約が付いていました。特約はお客様が損になる分、販売する営業マンの手数料は高いのかもしれません。

途中解約の判断のしかた

道子さんの保険を解約するか・しないかを決めるときには、確認が必要と思う保険については、営業マンに連絡をして解約返戻金の額を算出してもらっていました。なるべく、損の少ないときに解約したいと考えたからです。

そのときの損得は、解約返戻率ではなく、**実際のキャッシュフローで計算**しました。たとえば、1年待つと解約返戻率が1％増えたとしても、実際のキャッシュフローでは早めに解約したほうが有利だということは多々あります。これも、払い込んだ保険料と戻ってくる解約返戻金の差額を計算すれば、簡単にわかることです。

私は保険会社出身の税理士ということもあり、保険がとても好きです。保険営業の方とも仲良くしていただいています。みなさん、信頼できるよい方たちばかりです。ただ、保険営業をしている人のなかには誠意のない人もいるようです。大事なお客様が心ない営業マンのカモにされてしまうのは、とても悲しいことです。

ちなみに、1980年代～1990年代のいわゆるバブル期に加入していた保険のなかには「お宝保険」といわれる利回りがいい保険があります。当時の個人年金保険や終身保険の多くがいい保険であり、解約してはもったいないので、注意してください。

3-6

医療保険は、いる？ いらない？

思わぬ高額な医療費に困る事例

女性社長久子さん（仮名。63歳）が、脳梗塞になって入院することになりました。同じ年の夫は定年退職していて、もう仕事はしていません。

「妻が入院するにあたり、個室しか空いていないといわれて１人部屋に入ったのですが、個室の差額ベッド代は１日１万5,000円といわれました。そんな高額な金額を払い続けることはできないので、他の部屋が空いたら変えてほしいと頼んだのですが、『いつ空くかは約束できない、４人部屋でも差額ベッド代は１日5,000円だ』といわれて、びっくりしました」

久子さんの入院は、リハビリすることを考えると、６か月以上になるかもしれないといわれたそうです。

「負けず嫌いだった妻は、脳梗塞になった姿を他の人に見られたくないのではないかと思うと、なるべく人数の少ない部屋でとも思うのですが、仮に１人部屋で６か月入院となると、差額ベッド代だけで300万円近くかかります。私は仕事をしていないし、まだ年金も始まっていないので、妻の仕事がなくなってしまうことになると、貯金を食いつぶすしかありません…」、久子さんの夫はがっくりしています。

公的保険だけで賄えるのか

日本は健康保険の制度が進んでいる国です。治療費などが一定金額以上になると補填をしてくれる「**高額療養費制度**」もあるため、「民間の医療保険に入る必要はない」という人も多くいますが、私は**医療保険には加入しておいたほうがいい**と思っています。

理由は、医療費がいくら必要になるかなんて誰にもわからないからです。特に、入院にかかる費用はバカになりません。入院できる日数は減少傾向にありますが、高齢者の入院日数は逆に長くなる傾向にあるといいます。そして、問題なのは「高額療養費制度」で負担してもらえない費用です。

久子さんが困っていた「差額ベッド代」も「高額療養費制度」の対象外です。

それ以外にも、入院すると「高額療養費制度」の対象とならない、いろいろな費用がかかります。病院での食事代や寝間着、下着などのレンタル代。入院が長引けば家族も疲れてきますから、タクシーを使ったり外食が増えたり…、こういった費用は全額自己負担です。

また、**先進医療も対象外**です。

他のお客様の話ですが、医療保険を解約したすぐあとに、前立腺がんが見つかりました。前立腺がんに有効といわれる治療法に「陽子線治療」などの方法があるといわれていますが、当時この治療は保険適用外でした（2018年４月から保険適用になったそうです）。治療費はがん一か所につき、300万円ほどかかるといわれたそうです。

解約した保険には、先進医療特約という、「陽子線治療」などを含む保険適用外の先進医療の治療費を2,000万円まで補填してくれる特約が付いていたので、その保険さえあれば自己負担ゼロでその治療が受けられたということです。もちろん、先進医療特約の給付金に税金はかかりません。

医療保険に加入すると、この先進特約が月額数百円の保険料負担で付けることができるので、これに加入するだけでも、価値があると思うのです。

ちなみに、昔に入ったままの民間保険の医療保険には、先進医療特約が付いていないことがあるので、そういった意味でも昔に入った医療保険は一度、見直すことをおススメします。

いまの医療保険は厳しい価格競争にさらされていて、以前のものより保障内容がよくなって、保険料も下がる可能性が高いのです。

3-7

法人の節税保険、実際にあった“とんでも提案”

借入金返済のためにすすめられた保険の事例

「いま、4,000万円の借入金があって、20年後に返済が終わります。その間、社長の森山さん（仮名。49歳、男性）に万一のことがあったら借入金が返せなくなってしまうので、保険に入りたい。この話を知り合いの保険会社に話したら、いい保険があるとすすめられた保険があるのですが、内容を見てもらってもいいですか？」

お客様に見せてもらったのが次ページの表です。

これを見て、みなさんどう思いますか？

一目見ても、内容はよくわかりませんよね？

ここでは、この保険のひも解き方を見ていきたいと思います。

＜森山さんがすすめられた保険内容の要約＞

- ●保険金額…１億円
- ●保険料…年額185万4,000円
- ●保険期間、保険料払込み…88歳まで
- ●損金算入割合…当初15年間40％／16年目65％／17年目～29年目100％／18年目以降195％
- ●解約返戻率のピーク…18年目

保険会社の営業マンが出してきた、次ページの表は、お客様にとっては数字の羅列で理解するのはむずかしそうです。なぜ、この保険を契約しようと思うのかと理由を聞いてみると、「『保障を持ちながら、貯蓄もできる』といわれたから」との答え。やはり内容を理解していません。

◎保険会社からの資料◎

年齢	保険年度	保険料累計（円）①	損金算入単年（円）	損金算入累計（円）③	解約返戻金運用実績0％の場合（円）②	解約返戻金運用実績3％の場合（円）②	解約返戻率運用実績3％の場合
50	1	1,854,000	741,600	741,600	285,000	306,000	16.50%
51	2	3,708,000	741,600	1,483,200	1,749,000	1,828,000	49.29%
52	3	5,562,000	741,600	2,224,800	3,190,000	3,366,000	60.51%
53	4	7,416,000	741,600	2,966,400	4,613,000	4,924,000	66.39%
54	5	9,270,000	741,600	3,708,000	6,016,000	6,501,000	70.12%
≀	≀	≀	≀	≀	≀	≀	≀
65	16	29,664,000	1,205,100	12,329,100	16,704,000	21,798,000	73.48%
66	17	31,518,000	1,854,000	14,183,100	17,416,000	23,176,000	73.53%
67	18	33,372,000	1,854,000	16,037,100	18,078,000	24,545,000	73.54%
68	19	35,226,000	1,854,000	17,891,100	18,685,000	25,899,000	73.52%
69	20	37,080,000	1,854,000	19,745,100	19,230,000	27,230,000	73.43%
70	21	38,934,000	1,854,000	21,599,100	19,705,000	28,531,000	73.28%
71	22	40,788,000	1,854,000	23,453,100	20,098,000	29,786,000	73.02%
72	23	42,642,000	1,854,000	25,307,100	20,393,000	30,980,000	72.65%
73	24	44,496,000	1,854,000	27,161,100	20,577,000	32,097,000	72.13%
74	25	46,350,000	1,854,000	29,015,100	20,629,000	33,113,000	71.44%
75	26	48,204,000	1,854,000	30,869,100	20,526,000	34,003,000	70.53%
76	27	50,058,000	1,854,000	32,723,100	20,239,000	34,732,000	69.38%
77	28	51,912,000	1,854,000	34,577,100	19,732,000	35,259,000	67.92%
78	29	53,766,000	1,854,000	36,431,100	18,957,000	35,530,000	66.08%
79	30	55,620,000	3,187,449	39,618,549	17,860,000	35,482,000	63.79%
80	31	57,474,000	3,631,932	43,250,481	16,381,000	35,045,000	60.97%
81	32	59,328,000	3,631,932	46,882,413	14,452,000	34,137,000	57.53%
82	33	61,182,000	3,631,932	50,514,345	11,992,000	32,663,000	53.38%
83	34	63,036,000	3,631,932	54,146,277	8,881,000	30,483,000	48.35%
84	35	64,890,000	3,631,932	57,778,209	4,946,000	27,401,000	42.22%

保険はどう見るのか

この保険の内容を把握するために見るべきは、①保険料累計、②解約返戻金、③損金算入累計です。

解約まで支払った保険料の合計

これだけ減って戻ってくる

実質の損失！

年齢	保険料累計	返戻率	解約返戻金（0%運用）		節税効果を加味した後の損益		節税効果	
67（18年目）	3,337万2,000円 ①	73.54%	1,807万8,000円 ②	△1,529万4,000円	1,529万4,000−481万1,130＝	△1,048万2,870円	損金算入累計×約30%＝	481万1,130円
			解約返戻金（3%運用）		節税効果を加味した後の損益		1,603万7,100円 ③	
			2,454万5,000円 ②	△882万7,000円	882万7,000−481万1,130＝	△401万5,870円		

年齢	保険料累計	返戻率	解約返戻金（0%運用）		節税効果を加味した後の損益		節税効果	
78（29年目）	5,376万6,000円 ①	66.08%	1,895万7,000円 ②	△3,480万9,000円	3,480万9,000−1,092万9,330＝	△2,387万9,670円	損金算入累計×約30%＝	1,092万9,330円
			解約返戻金（3%運用）		節税効果を加味した後の損益		3,643万1,100円 ③	
			②3,553万円	△1,823万6,000円	1,823万6,000−1,092万9,330＝	△730万6,670円		

保険の解約返戻率のピークは18年目で、社長67歳のとき。それまでに払う保険料の総額は、3,337万2,000円です。

解約返戻金は、運用が０％のときは1,807万8,000円なので、この時点で解約すると、払った保険料との差額である1,564万4,000円（3,372万2,000円－1,807万8,000円）の損をしてしまいます。

一方で、損金算入できる保険料部分（18年目までの損金算入累計が1,603万7,100円）は、法人税の節税に役立ちますから、節税効果分はトクをしていることになります。

では、法人税でいくらトクをしたのかというと、実効税率を30%として、保険料を払い込んでいる間ずっと黒字だったと仮定すると、

481万1,130円（1,603万7,100円×30％）です。

運用成績が０％だった場合、払った保険料と解約返戻金の差として損をした1,564万4,000円から節税効果を受けた481万1,130円を差し引いた1,083万2,870円が、この保険に入ったことによる実際の損失になるということです。18年かけて、1,000万円以上の損をするということです！

仮に運用が３％だった場合は、同様の計算をすると、約400万円の損になることがわかります。

保険営業マンは、退職金の積立てとして使うことも提案したそうです。社長は、「80歳になるまで、30年くらいは働くつもりだ」と答えたら、「29年目あたりで退職金として支払ったらどうか」といったそうですが、29年目までこの保険に入り続けていたとすると、運用益が３％だったとしても、約730万円の損になってしまいます！

この説明をすると、森山さんは驚いていました。もしかして、私の気がつかない、いいところがこの保険にあるのかもしれないと思い、私が森山さんに説明した内容を、森山さんから保険の営業マンにしてもらって、そのうえでこの保険にメリットがあるかどうかを聞いてみてもらいましたが、回答はなかったようでした。

私が提案した保険は？

今回の森山社長の要望は、自分に万が一のことがあっても、4,000万円の借入金を返せるようにしておき、残った社員が困らないようにすることでした。

そこで、私は「**収入保障保険**」を提案しました。

収入保障保険とは、死亡や所定の高度障害状態になった場合に、毎月一定額の保険金を年金形式で受け取れる掛け捨て保険です。

保険期間の経過とともに保障額（保険金額）が下がっていく、逆三角形型の商品です。保障額（保険金額）が保険期間の経過とともに下がっていくので、定期保険などと比べると保険料は割安です。

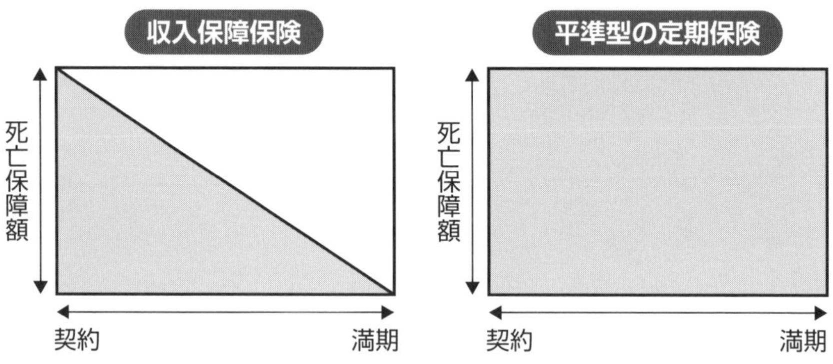

森山さんにすすめた収入保障保険は、年金月額16万円でスタートし、保障額は4,000万円、保険期間は70歳までというものです。借入金の返済が終わった時点で、解約する予定です。

保険料は、年払いで９万6,000円程度。掛け捨て保険なので全額、損金算入できます。

借入金は毎月返済しているので、保障が同じようなスピードで減っても問題はありません。保障は、保険料を極力抑えたこの保険にして、資産運用は法人で投資信託の積立てをしてもらうことにしました。

このように、保険会社がすすめてくる保険の内容がわからないまま加入すると、とんでもない損をしてしまうことがあります。やはり、税理士が保険も理解してお客様を守るということが大事です。

保険を理解するために必要なのは、ここで説明してきたように、電卓をたたくことである程度できるのですから、数字に対する苦手意識を払拭してチャレンジしていただければと思います。

4章

「不動産」相談編

不動産の購入・投資は じっくり検討しよう

不動産投資は節税になるの？

「節税になる」のどこに問題がある？

アパート経営の落とし穴とは？

4-1

不動産投資は本当に節税になるの？

業者の言いなりで始めるのは失敗のもと

所得税や相続税の節税目的で、不動産を所有しようと考える人は少なくありません。私たちのところにも「節税にも役立つといわれているので、不動産を買ってみようと思うのですが、よい物件はないでしょうか」という相談がよくあります。

みなさんのお客様のなかにも、不動産の購入を検討している人はいると思います。不動産は、たしかに所得税や相続税の節税に役立つ側面はあります。でも、「節税になるから」と安易に手を出すのはあまりおすすめできません。

不動産賃貸業は、立派な事業です。通常、何かの事業を始めるときには、ある程度の覚悟をもって、始める人が多いのではないでしょうか。市場調査や事業収支、想定できるリスク、どうすれば儲かるのかなどなど、いろいろ考えて事業をスタートすると思います。

それに対して、不動産投資はもう少し軽い感じで始めてしまう人が多いように思います。はっきりいって、何も考えず不動産業者の言いなりで物件を買っても、うまくいく可能性は限りなく低いと思います。大切なお客様が失敗をするのを見るのはいやですよね。

そこでこの章では、お客様が不動産購入を検討しているときに、どんなところに気をつけるべきか、その投資はすべきかどうかをジャッジするときの考え方など、不動産投資で知っておきたいポイントについて事例を使って紹介します。

4-2 「所得税が節税になる」には要注意！

節税のためにアパート経営を始めた事例

金融機関の相談会でお会いした橋本さん（仮名。52歳）は、会社を経営していて高額な役員報酬をもらっていました。所得税の税率は40％。

橋本さんは、不動産業者から「所得税の節税になるから」といわれ、アパートを購入していました。「実際に買ってみたら、本当に節税になったので、買い足そうと思います」と橋本さん。

アパート経営が所得税の節税になるのは、不動産所得で赤字が出た場合。つまり、不動産所得の計算上、損失が出た場合に、それを給与所得などと損益通算するので、税金の還付が受けられるということです。

でも、本当に赤字経営だとしたら、結局は損をしてしまいますね。では、なぜ橋本さんはそれでもおトクと思うのでしょうか？　**ポイントは「減価償却費」**です。

橋本さんがいま持っているという物件は、次のようなものでした。

＜橋本さんの所有物件＞

- 中古木造アパート…3,500万円
  （うち土地1,500万円、建物2,000万円）
- 築年数…30年
  （中古耐用年数：４年、減価償却費：500万円／年）
- 満室時賃料収入…年210万円（表面利回り６％）

橋本さんが購入した不動産は、中古の木造アパート。中古木造アパートは、減価償却の耐用年数が短くなるため、１年あたりの減価償却費が高くなります。したがって、短期的には節税効果はとても高いのです。建物の金額が高いのは、不動産業者が減価償却費を高くするために、わざと建物の配分を高くしてくれたとのことでした。

このアパートの収支は、賃料収入が210万円で、管理費や固定資産税、保険料などの経費は50万円ほどかかります。それ以外に、減価償却費が500万円なので、不動産所得としては年間340万円の赤字です。橋本さんは所得税率が高いので、この赤字を給与所得と損益通算すると、170万円ほど税金の還付が受けられるといいます。

これを単年度の現金収支で見ると、「(アパート収入210万円＋税金還付170万円）－経費50万円＝330万円」の現金手取りとなります（下図参照)。

「3,500万円の資金投下をして、年間330万円の手取りが増えるということは、運用利回りは9.4％（330万円÷3,500万円）ということですね。こんないい投資は、ほかにありませんよ」と橋本さん。さて、本当にそうなのでしょうか。。。

＜不動産収支（１～４年目）＞

【決算書上】

年間収入（満室想定）	210万円…①
経費（管理費・固定資産税・保険料等）	－ 50万円…②
減価償却費	－500万円
１年あたりの収支	△340万円

給与所得と損益通算すると　⬆
170万円（③）の税金還付！

【１年間の現金収支】

①210万円＋③170万円－②50万円 ＝ **330万円**

「節税になる」というカラクリ

たしかに、年330万円の手取りが10年続けば、投下資金はほとん

ど回収できますが、何といってもこのカラクリは、ただでさえ耐用年数の短い（新築で22年）木造アパートを中古（築30年！）で買った結果、耐用年数を４年とすることで赤字を出すというスキームです。

でも５年目以降は、減価償却費がなくなりますから、満室家賃210万円を前提にすると、経費（年50万円）を引いた収支は160万円の黒字です。橋本さんの所得税率から考えると、この不動産所得にかかる税金は、80万円。

ですから、５年目以降の実質手取りは年間80万円（160万円－80万円）ということ（下図参照）。実質利回りは一気に下がり、2.2%（80万円÷3,500万円）です。

＜不動産収支（５年目以降）＞

【決算書上】

年間収入（満室想定）	210万円…①
経費（管理費・固定資産税・保険料等）	－ 50万円…②
減価償却費	0円
１年あたりの収支	160万円

黒字なので ⬆

80万円（④）の税金増！

【１年間の現金収支】

①210万円－④80万円－②50万円 ＝ **80万円**

このように説明すると、橋本さんは次のようにいいました。

「はい。ですから、減価償却が終わったら、売却してまた次のアパートを買うんです。そうしている人が多いって業者さんもいっていました」

橋本さんの言い分はこうです。

４年経過後このアパートを売却した場合、「330万円×４年間＝1,320万円」の手取りを増やせます。

築30年で購入した木造アパートは、売却すると800万円ほど値が下がるだろうといわれているが、トータルで520万円儲けた（1,320万円－800万円）と思えば、「おトク！」というわけです。

みなさんこの話、どう思いますか？　話だけ聞けば、「あ～なんかいい話なんじゃないの？」と思うかもしれません。実際、橋本さんは、会社を経営する優秀な人。そんな人でも、そう思ってしまったのです。

でも、**このスキームで得をするのは、不動産業者だけ**です。

橋本さんは、この不動産を購入するのに、不動産業者に仲介手数料約122万円を支払っています。不動産の仲介手数料は、基本物件価格の「３％＋６万円（税別）」です。売るときも買うときも仲介手数料はかかりますし、賃貸中も物件の管理を依頼すれば別途、管理料もかかります。そのうえ、耐用年数が終わるたびに、買替えを続けてくれる、ということになったら、本当にありがたいお客様です。

売却収支についても検討しよう

橋本さんの売却収支について、ちょっと整理してみましょう。売却収支は次のようになります。

＜橋本さんの売却収支＞

- 購入額…3,500万円（建物2,000万円、土地1,500万円）
- 購入時の経費…仲介手数料・登記費用等160万円
- 売却額…2,700万円
- 仲介手数料…約95万円

まずは、税金について考えてみましょう。

橋本さんは、3,500万円で買ったアパートを2,700万円で売却すると、損をしているのだから、税金はかからないと思っていましたが、実はこれには**譲渡所得税**がかかります。

というのも、建物は減価償却費を取得した金額から差し引きますから、ざっくり計算すると、「3,500万円－2,000万円（減価償却費）＝1,500万円」が取得価額になります。

つまり、「売却額2,700万円－取得価額1,500万円＝1,200万円」の儲けがあるというわけです。

ここから購入と売却にかかる手数料など合計約255万円を差し引いても、譲渡所得は945万円です。

短期譲渡だとこれに39.63％（約374万円）、長期譲渡でも20.315％（約192万円）の所得税がかかります。

不動産業者のおすすめどおりの方法で、売買等を進めた場合の現金収支は次のようになります。

4年間の賃貸における現金収支	1,320万円
購入額と売却額の差損（3,500万円－2,700万円）	△ 800万円
売買にかかった手数料等	△ 255万円
譲渡所得税（短期譲渡の場合）	△ 374万円
収支差額	△ 109万円

4年間かけて109万円、損をするということ。これは、あくまでもアパートがずっと満室だった場合の計算です。空室が出れば手取りはもっと減るということです。

このように、電卓をたたけば、どんな収支で、どんなリスクがあるのかが、ある程度わかるのです。橋本さんにこの収支結果を説明したところ、とても驚いていました。

不動産投資をはじめるときは、このように収支のシミュレーションをしっかりすることはマストです。これ以外に、長期で保有する場合は、修繕費の負担もばかになりません。

お客様が不動産投資を考えているときには、こういったことをぜひアドバイスしてあげてほしいと思います。

4-3

相続税の節税対策？ それとも、自己満足？

相続税の節税対策にアパートを建築した事例

相続税の対策にとすすめられて、持っている土地にアパートを建築する地主さんはとても多いです。

たしかに、アパート建築は相続税対策に役立ちます。伊東さん（仮名）の例で見てみましょう。

＜伊東さんの現在の財産状況＞

- 相続財産…３億円（そのうち、更地１億円を所有）
- 推定相続人…子３人
- 推定相続税…5,460万円

仮に所有している更地に１億円の借金をして木造アパートを建てた場合、財産は次のようになります。

＜アパートを建築した場合の財産の変化＞

もともとの所有財産のうち、更地以外	２億円
更地（→貸家建付地になる）	7,900万円
貸家（１億円で建設したアパートの評価額）	3,500万円
借入金（アパートローン）	△１億円
差引き	２億1,400万円
	⬆ **財産は8,600万円の減！**
推定相続税…約2,880万円	⬅ **相続税は約2,580万円の節税！**

土地は、１億円の更地評価から、**貸家建付地**の評価となり、借地権割合にもよりますが、評価額はおおむね２割程度下がり、8,000万円程度となります。

貸家建付地とは

賃貸用のアパートやマンション、貸家などが建っている土地のことを「貸家建付地」(かしやたてつけち)といいます。

貸家建付地には借家人がいるため、その土地を思いどおりに利用することは不可能なので、その相続税評価額は更地より20％程度減額されます。

一方、木造アパートの固定資産税評価額(相続税評価額)は、半値以下になることも多々あります。しかも、貸家であれば3割の評価減となります。仮に1億円で建築したアパートの固定資産税評価額が5,000万円になった場合は「5,000万円×0.7＝3,500万円」が貸家の評価額となります。

この結果、3億円あった財産は、評価上は約2億円になります。推定相続税は5,460万円から約2,880万円となり、約2,580万円の節税になります(左下図参照)。すごいインパクトですね。これだけ相続税の節税になれば、アパート経営もありだと思う人が出てくるのもうなずけます。

でも、こういった計算もせず、相続税がどのくらい節税になるかもわからずに、ただ不動産業者から「相続税の節税になるから、アパートを建てましょう」といわれて、その気になってしまう人も意外に多いのです。

みなさんも、相続税対策で不動産を取得した人やしようと思っている人がいたら、「相続税がいくら節税になるかご存じですか?」と聞いてみてください。たぶんはっきり答えられる人は少ないと思います。

ここが怖いところの1つです。

定年退職後にアパートを建築した事例

吉川さん(仮名)は、上場企業を定年退職しており、不動産事業を始めようと相談にきました。「親から相続した実家の跡地にアパートを建てて、不動産経営をしようと思っています。相続税の対策にもなるし、自分が過ごした思い出の実家なので、売らずに済むのもありがたい」とのこと。すでに大手ハウスメーカーとの話は進んでいて、契約まで済ませた後の相談でした。

ハウスメーカーが出した収支は、あまり芳しくありません。必要な投下資金は約1億円。年間家賃は500万円、表面利回りは5％です。頭金は1,000万円で、残り9,000万円はローンです。

現金の収支は、借入金を返済し、今後の修繕のための積立てをすると、月10万円、年間120万円程度のプラスです。

ちなみに、吉川さんは定年退職していますから、60歳を超えていて収入はありません。銀行は、子どもの収入証明を求めているとのこと。通常、収支が合う物件であれば、このような申し出はないことのほうが多いのですが…。

吉川さんのアパート建築前の財産等の状況は、次のとおりです。自宅は妻名義とのことでした。

＜吉川さんのアパート建築前の財産等の状況＞

- 金融資産…8,000万円
- 実家の土地…相続税評価額：2,000万円
- 推定相続人…妻と子２人の計３人
- 推定相続税の総額…630万円（相続財産１億円）

アパートを建てた後の推定相続税等は次のとおりです。

＜アパート建築後の指定相続税の額＞

- 金融資産…7,000万円（頭金で1,000万円減）
- 実家の土地（貸家建付地）…相続税評価額：1,600万円
- アパート…相続税評価額：3,500万円
- 借入金……9,000万円（アパートローン）
- 推定相続税額…0円（相続財産3,100万円）

この結果を吉川さんに伝えたところ、自分の相続税はもっとかかると思っていたようでした。推定相続税は、配偶者控除前の金額ですから、奥様がもらう分が増えればその分、相続税も少なくなります。

だいたい、吉川さんはまだ60歳ですから、これから老後資金などで金融資産も自然に減っていくはず。こんな思い切った節税対策などは必要なかったのです。

アパート経営の落とし穴

実は、吉川さんがアパートを建てようとしている土地は、郊外の駅から徒歩20分ほどの閑静な住宅街。まわりにアパートなどはないそうで、本当にアパート経営が成り立つのか疑問です。

繰り返しになりますが、アパート経営も立派な事業です。しかも、他の事業であれば、途中で収支が合わなければ早期撤退も可能ですが、アパートを建築までして始めた事業は、途中で簡単にやめるというわけにはいきません。ですから、「節税に役立つから」などと安易に考えず、しっかりと全体の収支を見る必要があります。

相続税対策の不動産経営には、他にも問題があります。それは、**遺産分割が難しくなる可能性がある**ということです。不動産は分けにくい財産です。

アパートを建てた場合と、建てなかった場合とで比べてみましょう。

アパートを建てずに、誰も使っていない実家を売却した場合は、相続財産は金融資産だけということになります。こうなると、どのように分けるのも自由です。相続税も、もらった金融資産のなかから払えばいいのであれば、負担感もさほど大きくないと思います。

一方、アパートを建てた場合は、相続税はかかりませんが、このアパートを誰が相続するか、という問題が出てきます。アパートにはもれなく借入金もついてきますし、築年数がたってくれば老朽化してきて、修繕費がかかったり、家賃収入も下がってしまうかもしれません。財産をもらう側からすると、手のかかる不動産よりも現金のほうがいいという人も多いものです。

以前、不動産投資について書かれた新書判の書籍に、「不動産投資を進めるときには、プライドの高い人には下手に出ておだて上げると、自分が経営者になった気になるのか、契約率が上がる。気が弱くて優柔不断な人は、断わりにくい雰囲気をつくれば契約にこぎつけられる」といったことが書いてありました。ちょっと怖い世界です。

そうかといって、不動産投資全般が悪いというわけではありません。営業マンの話を鵜呑みにして、自分でしっかり損得のシミュレーションをせずに、飛び込んでしまうことが危険なのです。

自分のお客様が、手痛い失敗をしないように、私たちがしっかり守ってあげることが大事だと思います。

5章

「退職金」相談編

所得税・法人税・相続税の節税に退職金を活用しよう

退職金は
所得税で優遇
されている？

退職金を用意
するにはどんな
方法がある？

役員報酬を
減らして退職金の
積立てにまわす？

5-1

退職金の活用には事前の準備が必要

退職金の準備と活用は税理士の仕事

とある相談会でのこと、中小企業を経営している方の相続の相談を受けているなかで、「死亡退職金にも相続税の非課税枠があるので、うまく利用したほうがいいですよ」という話をしたところ、「そんなことは、はじめて知りました。うちの会社の税理士は、退職金のことを話してくれたことはありません」とびっくりしていました。

このように、退職金の準備をしていない会社は、意外に多いようです。

しかし、社長の退職金は、**所得税・法人税・相続税の節税に役立つ、とても使い勝手のいいアイテム**です。税理士としては、これをうまく活用しない手はありません。

退職金を活用するためには、事前の準備が必要です。サラリーマンと違い、中小零細企業の経営者や個人事業主は、退職金は自分で用意しなければならないからです。

でも、日々忙しく働いている社長が、将来、自分が退職するときのことを考えて、「退職金の準備をしよう！」などと思いついたりすることはほぼありません。「退職金の準備と活用」についてアドバイスするのは、私たち税理士の仕事なのです。

この章では、退職金がどう節税に役立つのかを簡単に説明していきます。

所得税からみた退職金

所得税ではどのように優遇されているのか

退職金は、所得税の税制上とても**優遇されている所得**です。

退職金は一括で受け取れば、「**退職所得控除**」「**2分の1課税**」「**分離課税**」と、優遇された税金計算をすることができます。しかも、退職金には社会保険料もかかりません。

「退職所得控除」とは、勤続年数に応じて計算される退職金の非課税枠です。仮に勤続35年の人であれば、1,850万円（＝退職所得控除20年×40万円＋15年×70万円）までは退職金をもらっても税金はかかりません。

また、非課税枠を超えたとしても、超過分の半分だけが課税対象です（2分の1課税）。

ちなみに、1,850万円を給料でもらったら、約400万円の所得税・住民税がかかります。それ以外に、健康保険・厚生年金保険などの社会保険料が280万円程度かかります（東京都の協会けんぽのケース）。

つまり、同じ1,850万円でも、退職金でもらえば全額手取りになるのに対して、給与だと手取りは1,170万円（＝1,850万円－400万円－280万円）になるということです。

退職金がどれだけオトクなのかがわかりますね。

退職所得の計算のしかた

（退職手当等の収入金額－退職所得控除額（※））× $\frac{1}{2}$

（注）役員等としての勤続年数が５年以下である人が支払いを受ける退職金のうち、その役員等としての勤続年数に対応する退職金として支払いを受ける退職金については、「２分の１課税」にはなりません。

（※）退職所得控除額

勤続年数	退職所得控除額
20年以下	40万円×勤続年数
20年超	800万円＋70万円×（勤続年数－20年）

（注１）勤続年数に１年未満の端数があるときは、たとえ１日でも１年として計算します。

（注２）上記の算式によって計算した金額が80万円未満の場合は、退職所得控除額は80万円になります。

（注３）障害者となったことに直接基因して退職した場合は、上記により計算した金額に、100万円を加算した金額が退職所得控除額です。

5-3

相続税からみた退職金

退職金には相続税の非課税枠がある

死亡後３年以内に支払いが確定した退職金は、「みなし相続財産」として、相続税の課税対象となりますが、死亡退職金は優遇されています。死亡退職金には、生命保険金と同様の**非課税枠（500万円×法定相続人）**がありますから、この金額までの死亡退職金は非課税となるのです。

ちなみに、退職金以外の弔慰金にも相続税上の非課税枠があります。

非課税の金額は、業務上の死亡である場合は、死亡当時の普通給与の３年分に相当する額。それ以外の場合は、死亡当時の普通給与の６か月分に相当する額までは、非課税です。

5-4

法人税からみた退職金

適正な金額の範囲であれば全額損金算入

退職金は総じて金額が大きくなるので、法人税の節税にも役立ちます。

通常、役員に支払う報酬については、毎月決まった額の役員報酬であれば経費になりますが、賞与や期の途中で報酬を増額しても、原則として税金上の経費にはなりません（事前確定届出給与を出している場合などを除く）。

役員への不定期な報酬等は、法人税の租税回避行為に利用される可能性があると考えられているからです。

しかし、退職金は社長などの役員に対するものであっても、適正な金額の範囲であれば、法人税の計算上、全額損金算入できます。逆にいえば、不当に高いと認められた役員退職金は、否認されてしまう可能性があるので、その点には注意が必要です。

役員退職金の算定方法（適正な範囲の考え方）

役員退職金の適正額の範囲は、通常次のように計算されます。

最終月額報酬 × 在任年数 × 功績倍率

「功績倍率」とは、役員の会社に対する貢献度等を反映した倍率で、役職により２～３倍程度が一般的な水準といわれています。

たとえば、役員報酬月額100万円、在任年数25年の社長の退職金の場合、「100万円×25年× ３ =7,500万円」の範囲であれば、税務署にも認められるだろうということです。

ただしこれは、あくまでも上限と考えられる金額です。「7,500万円もの退職金を払うキャッシュなんかないし、そんなにはいらない」ということであれば、退職金の額をもっと少なくすればいいのです。

分掌変更による場合は要注意

ところで、社長を退任して非常勤の監査役などに「分掌変更」したときに出す退職金は要注意です。

「退職金はオトクだから、社長を退任して退職金をもらっちゃおう。でも、仕事はいままでどおり続けるよ」といったように、退職金を租税回避行為に使われては困るからです。

とはいえ、「分掌変更」したときに、退職金を払ってはいけない、ということではありません。

「分掌変更」の場合に退職金を認めてもらうには、本当にその役職を退職したという事実を証明できるようにしておくことが大事です。

具体的には、「報酬が従来の２分の１以下」とか「実際に業務から引退している」、あるいは「外部に退職等した旨をアナウンスしている」などなど、「分掌変更」時の退職金を認めてもらうために整えておくべきことがあります。

退職金は金額も大きいので否認されたら大変です。この本では、詳細の説明は省きますが、「分掌変更」時の退職金については、細心の注意を払っていただければと思います。

5-5

退職金をもらえるとお客様も喜ぶ

退職金を用意するにはどんなアイテムがあるか

中小零細企業の経営者や個人事業主は、自分には退職金はないと思っている人も多いと思います。

ですから、「準備をしておけば退職金はもらえます。しかも、いろいろな節税に役立つんですよ」とお伝えすると、喜んでくださる人が多いです。

とはいえ、サラリーマンのように、何もしなくても退職金がもらえるというわけにはいきませんから、まとまった退職金を用意するためには、事前の準備が必要になります。

この項では、そういったときに使えるアイテムを紹介したいと思います。

◎退職金を用意するために使えるアイテム◎

個人で用意する方法

①小規模企業共済
②iDeCo

法人で用意する方法

③定期保険（生命保険）
④経営セーフティ共済（中小企業倒産防止共済制度）

小規模企業共済で用意する方法

「小規模企業共済」とは、個人事業主や小規模な企業の役員のための退職金制度です。

繰り返しになりますが、サラリーマンと違い、個人事業主や小さな会社を経営している人は、退職金を自分で用意しなければなりません。所得税や住民税の節税をしながら退職金づくりができるのが、この「小規模企業共済」制度です。

掛金は月額1,000円～最高７万円の範囲で選択します。掛金を積み立てていき、事業をやめるときに退職金として受け取ります。利息も多くはありませんが付きます。

この制度のすごいところは、その**節税効果**です。小規模企業共済の掛金は全額、所得控除の対象です。仮に、月の掛金を７万円とした場合、年間で84万円、所得控除されるということです。

この場合の節税額は、適用される所得税率によって変わりますが、仮に所得税の税率が20％の人の場合、住民税10％（一律）と合わせた税率が30％となりますから、84万円の30％で年間約25万円、税金が安くなるのです。

所得税の税率は５～45％、住民税は一律10％です。いまどき、年利15～55％という高利回りの運用商品なんて、あやしいビジネスにだってありませんよね。ですから、使わない手はないということです。

私は相続の相談を受けることが多いのですが、相続税を心配するような人の多くは、不動産を持っていたり、事業や会社経営をしているので、小規模企業共済を利用したほうがいいと思うのですが、実際は、利用していない人が意外に多いので驚いています。

先日も相談会で、不動産収入6,000万円、年間所得税1,000万円という人の確定申告書を拝見しました。もちろん、税理士もついています。これだけの規模の不動産事業を営んでいるのに、法人にしないで個人事業にしていることにも驚きましたが、それ以前に「小規模企業共済」さえ加入していないことにもびっくりしました。

小規模企業共済のデメリット

小規模企業共済にもデメリットはあります。とはいっても、あらかじめ認識していれば、恐れるようなことではありません。

小規模企業共済のデメリットは2つあり、1つは「受け取るときに税金がかかること」、もう1つは「途中解約や減額をすると元本割れのリスクがある」ということです。

それぞれのデメリットについて、詳しく見ておきましょう。

①受け取るときに税金がかかる

事業をやめたときに、小規模企業共済金を一括で受け取る場合は、退職金として税金がかかります。

ただし、退職金にかかる税金は101ページで説明したように、恵まれています。仮に、開業時から毎年84万円を積み立てて、20年後に事業を廃止して1,680万円（84万円×20年）の退職金を受け取る場合にかかる税金は、所得税と住民税を合わせて約46万円です。

では、支払っている間はどのくらいの節税になっているかというと、事業をしていた間、仮に所得税と住民税の税率が30％だったとすると、毎年約25万円、節税できていたことになります。20年間で約500万円です。

つまり、20年間で約500万円節税できたが、受取時に46万円の税金がかかる、ということ。トータルでは約450万円、手取りを増やせることになります。

受け取る方法は年金型も選べますが、その場合は公的年金等として課税されます。基本的には一時金で受け取ったほうが有利です。

もし途中で亡くなった場合は、死亡退職金として相続税の対象になります。すでに説明しているように、この場合は「500万円×法定相続人の数」までは非課税になります。

②途中解約や減額で元本割れすることがある

小規模企業共済を加入後１年未満で解約した場合は、掛けた金額は１円も戻ってきません。

また、加入後20年未満で事業をやめたわけでもないのに、解約をすると元本割れの可能性があります。途中で掛金を減額した場合も、元本割れしてしまう可能性があります。

こう聞くと、コワい感じもしますが、要は解約や減額をしなければいいのです。そのためには、無理のない金額で始めることをおススメしてください。途中で増やす分には、ペナルティはありません。

小規模企業共済の節税効果

小規模企業共済は、儲けがなくて税金がかかっていないときには効果のない積立てになってしまいます。利益が出て税金がかかるようになってから始めることをおすすめします。

掛金は前納することができて、支払った年に所得控除できます。ですから、儲けが出るとわかったときから加入し、その年に大きな控除を受けたければ、数か月分をまとめて支払うということもできるのです。

小規模企業共済は、特に高齢で税金を払っている人には、ぜひすすめてほしい制度です。

ｉＤｅＣｏ（134ページ参照）と違って、加入年齢に縛りはありません。前述の相談者も実は60歳を超えた人でしたが、40%という高い所得税を払っていて、将来的には高い相続税が見込まれる人でしたから、所得税対策にも相続税対策にもなることを考えて、小規模企業共済をおススメしました。

ちなみに、この人がこの先20年間、小規模企業共済を積み立てていき、死亡退職金として受け取った場合の節税効果は、次のとおりです。

<20年加入し、死亡退職金で受け取った場合の節税効果>

（加入している間の節税効果）

【所得税・住民税】（所得税40％、住民税10％　合計税率50％）

84万円×50％×20年＝840万円　**⬅ 節税①**

（受取り時の節税効果）

【相続税】（税率40％／推定相続人３人（非課税枠1,500万円））

84万円×20年＝1,680万円 → このうち、1,500万円は非課税

1,500万円×40％＝600万円 **⬅ 節税（最大値）②**

節税額の合計　**①＋②＝1,440万円（最大値）**

みなさんのお客様は、小規模企業共済を利用していますか？　あなたのお客様で、個人事業主や会社の役員をやっていて、所得税を払っている人がいたら、ぜひすすめていただければと思います。

iDeCoで用意する方法

所得税の節税をしながら、退職金をつくる方法として、「iDeCo」（個人型確定拠出年金）もおススメです。

iDeCoは、自分でつくる私的年金といわれていますが、iDeCoを一括で受け取ると退職金課税となります。iDeCoの詳細については、134、135ページで詳しく説明しているので、そちらを参照してください。

定期保険（生命保険）で用意する方法

かつて、法人税を節税しながら退職金を用意する王道の方法は、生命保険（定期保険で解約返戻金があるもの）でした。

やり方としては、解約返戻金の高い保険に加入します。保険によって、解約返戻金のピーク（一番返戻率が高い時期）が異なるので、退職したいと思う時期に解約返戻金のピークがくるものを選びます。そして、保険料を払って会社の経費とすることで、法人税の節税を

◎定期保険の税務・経理処理のしかた◎

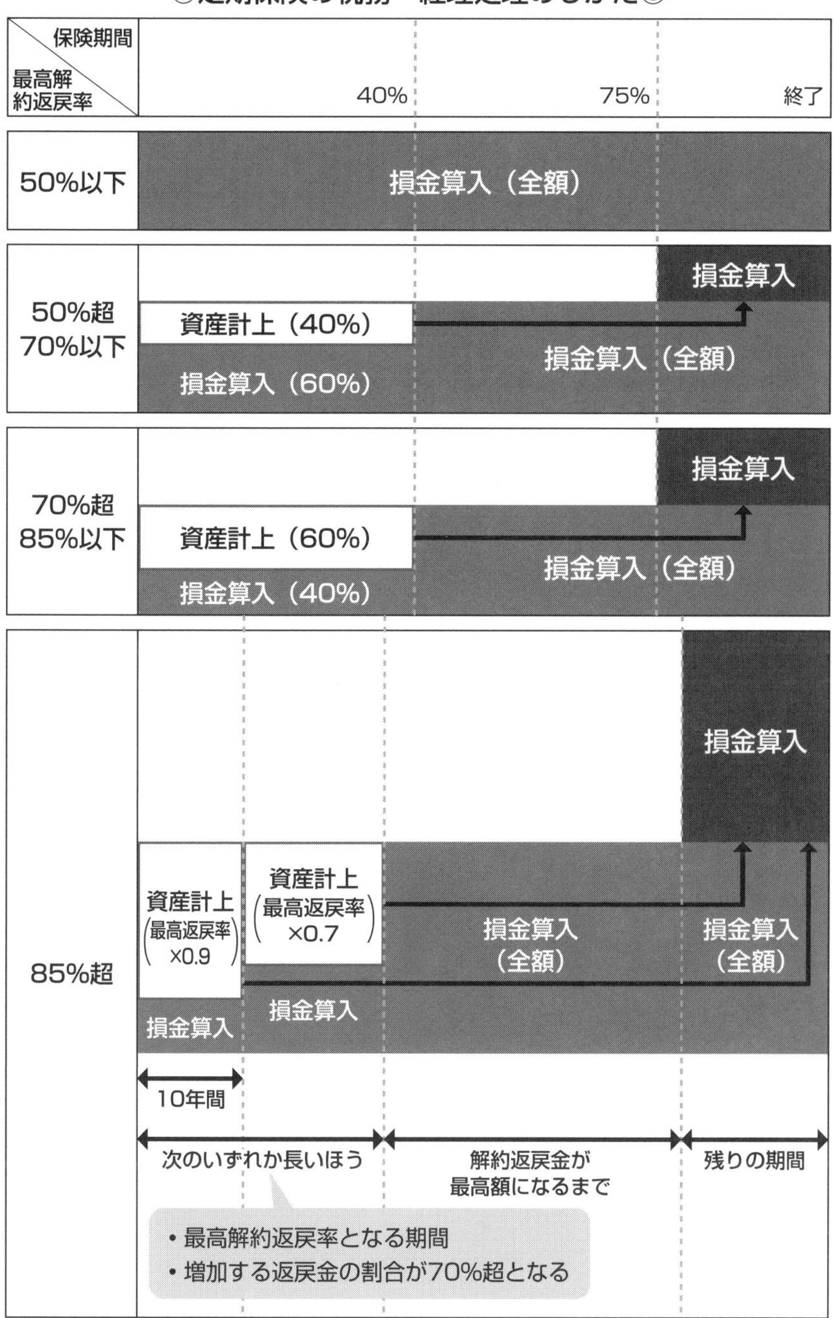

しながら、退職金を積み立てて、退職する時期に保険を解約し、その解約返戻金で退職金を支払うという方法です。

経費になっていた保険料に対応する部分は、解約して入金されると、収入になりますが、その分を退職金として支払ってしまうので、税金がかからないというわけです。

その昔は、解約返戻率が100％を超えるようなものや、払った保険料がすべて経費になるといった保険もあったので、とてもよい節税方法でした。

しかし、残念なことに税制は保険を利用した法人税の節税をつぶす方向に進んでいます。そのため、現在販売されている節税に使える法人用の保険は、以前よりも解約返戻金が低く設定されており、損金算入できる部分も限られています（前ページの図を参照）。

へたをすれば保険に入らないほうがよかった、ということにもなりかねないので、注意が必要です。

こういった場合の検証の方法については、３章（82ページ以降）で説明していますので、参考にしてください。

経営セーフティ共済（倒産防止共済）で用意する方法

「経営セーフティ共済」（中小企業倒産防止共済制度）は、あらかじめ掛金を積み立てておけば、取引先が倒産した際などに資金を借り入れることができるという制度です。

それだけ聞くと、「うちの会社には必要ないかも？」と思う人も多いでしょうが、実はこの制度は退職金の積立てにとてもおススメです。

おススメのポイントは以下の４つですが、退職金の積立てという意味では、特に③と④が重要です。

①無担保・無保証人で、掛金の10倍まで借入れ可能

共済金の借入れは、無担保・無保証人で受けられます。借入限度額は、「回収困難となった売掛金債権等の額」か「納付した掛金総額の10倍（最高8,000万円）」の、いずれか少ないほうの金額です。

②取引先の倒産後、すぐに借入れできる

取引先が倒産し、売掛金などの回収が困難になったときは、その事業者との取引の確認が済み次第、すぐに借入れできます。

③掛金は全額損金になる

掛金は全額、損金になります。

掛金は、月額5,000円～20万円まで自由に選べ、利益が出ていないときは減額や掛金を止めることも、逆に利益が多く出ているときに掛金を増額することも自由にできます。

また掛金は、前納することもでき、1年以内の前納掛金は一括経費にすることができます。

ただし、掛金が積み立てられるのは、800万円までです。

④解約手当金を受け取れる

自己都合で解約をしても、要件さえ満たせば掛金は全額戻ってきます。要件とは、掛金を40か月以上納めていることです。

ちなみに、12か月以上納めていれば、掛金総額の8割以上が戻ります（12か月未満の場合は掛捨てとなります）。

この共済制度は、実はそもそもの目的（取引先が倒産したときの借入れの確保）によるよりも、利益が出ているときに節税を目的として加入しているケースが多いと思います。

この制度を利用すれば、節税しながら退職金の原資を積み立てることができます。受け取るときは、収入になりますが、同じ期に退職金を払えば大きな経費が出るので、余計な税金を払わなくて済むというわけです。

110ページで説明した定期保険（生命保険）と比べても、「全額損金になり、しかも解約返戻率は100％」という優秀な節税商品ですから、利益の出ているお客様にはすすめてほしい制度です。

なお、この経営セーフティ共済は、不動産所得等以外の事業所得を営む個人事業主でも加入できます。

ただし、先に説明した小規模企業共済が退職金課税として安い税金で受け取れるのに対して、こちらは解約すると事業収入となってしまい、受取時に大きな税金がかかる可能性があります。

そこでここでは、退職金として用意することを前提とした、法人のケースで紹介しました。

5-6

役員報酬を減らして、退職金準備の資金にする方法

減額した報酬を退職金の積立てに回す

退職金を準備する資金を捻出するために、役員報酬を減らして、その減らした分を退職金の積立てに充てるという方法があります。

たとえば、現在の役員報酬が120万円という社長の報酬を100万円に下げて、下げた分を退職金の積立てに回します。この方法を利用することで、社長の手取りを増やすことができるのです。

理由は、この章の冒頭でも説明したように、退職金の税金はとても優遇されていて、しかも社会保険料がかからないからです。

具体例で見てみましょう。次ページの表を見てください。これは、私が実際にクライアントに提案した資料です（税務の取扱いは2020年１月時点の法令等にもとづいており、社会保険料は2019年３月時点の保険料率にもとづいています）。

<次ページの提案資料の前提>

- 社長の現在の年齢…58歳
- 退職予定年齢…70歳
- 退職時の在任年数…35年
- 現在の報酬月額…120万円（うち20万円を退職金の積立金とするために報酬を減額）
- 減額後の報酬月額…100万円
- 積立退職金…2,880万円（12年間×20万円×12か月）

58歳～70歳までの12年間での効果をシミュレーション

◎報酬と退職金のバランス・シミュレーション◎

前提情報

現在年齢	退職予定年齢	退職時役員在任年数	現在報酬月額
58歳	70歳	35年	1,200,000円
退職金へ移し替える金額（月額）		退職金支給額	
200,000円		28,800,000円	

個人負担の比較（58歳～70歳までの累計）

	試算①　現在のとおり	試算②　退職金へ資金を移し替えた場合	
現在報酬額（年額）	14,400,000円	14,400.000円	
変更後報酬額（年額）	14,400,000円	12,000,000円	
社会保険料（年額）	1,408,212円	1,269,936円	①
厚生年金保険料（年額）	680,760円	680,760円	
健康保険料（年額）	727,452円	589,176円	
所得税・住民税額（年額）	3,051,161円	2,134,733円	②
所得税額（年額）	1,990,061円	1,299,733円	
住民税額（年額）	1,061,100円	835,000円	
退職までの手取り額	119,287,524円	103,143,972円	
退職金支給額	—	28,800,000円	
退職金支給額に対する所得税・住民税額	—	1,130,152円	
退職金積立額を考慮した退職までの手取り額	【A】119,287,524円	【B】130,813,820円	
試算①と試算②の退職金積立額を考慮した退職までの手取り額　差額	【B】－【A】	**11,526,296円**	個人の手取り額増！

法人負担の比較（58歳～70歳までの累計）

	試算①　現在のとおり	試算②　退職金へ資金を移し替えた場合	
社会保険料（年額）	1,408,212円	1,269,936円	
厚生年金保険料（年額）	680,760円	680,760円	
健康保険料（年額）	727,452円	589,176円	
退職までの社会保険料累計額	【C】16,8908,544円	【D】15,239,232円	
試算①と試算②の退職までの社会保険料累計額　差額	【D】－【C】	**▲1,659,312円**	法人の社会保険料負担減！

表の①を見るとわかるとおり、月額報酬を120万円から100万円に下げることで、個人と法人の負担する社会保険料が年額140万8,212円から126万9,936円へ下がります。その差は年間13万8,276円、12年間で165万9,312円です。

個人では、それ以外に所得税・住民税の負担が年額305万1,161円から213万4,733円に下がります（表の②）。その差は年間91万6,428円、12年間で1,099万7,136円です。

役員報酬を月額20万円下げることで、個人としては、税金と社会保険料の合計が12年間で1,265万6,448円も負担減になるということです。

ただし、12年間で役員報酬の額面は2,880万円少なくなるので、その分を退職時に退職金としてもらうと、所得税と住民税が113万152円かかります。

これらをトータルすると、役員報酬と退職金を合わせた報酬総額は、どちらも同じですが、社長の手取りは、退職金へ資金を移し替えたほうが、1,152万6,296円も増えるのです！

一方、法人は、社会保険料の負担だけ見ると12年間で165万9,312円の負担減となります。法人税は、役員報酬が減った分、在職中は負担が増えますが、減らした報酬分を退職金として払うときにまとまった経費となるので、12年間で平たくすると経費にできる額はほぼ同じと考えられます。

また、報酬を下げている間に、前項で説明したように、保険や経営セーフティ共済などを利用して節税も一緒にすすめると、さらに効果的です。

詳細の説明は省略しますが、会社で企業型ＤＣ（企業型確定拠出年金）の制度を導入するという方法を組み合わせている企業もあります。

退職金の準備を始めましょう

この章を書きながら、私自身もすべてのクライアントに対して退職金の準備を進めていなかったなと反省しています。なんでもそうですが、知っているだけで実行しなければ、知らなかったことと同じです。

この章を読んでいただいたことをきっかけに、みなさんも担当先の退職金について考えていただけるとうれしいです。

6章

「証券」相談編

ＩＦＡ資格を取得して資産運用のお手伝いをしよう

ＩＦＡって
どんな
資格？

おすすめの
資産運用の
方法は？

ＩＦＡ税理士
ができる
ことは？

6-1

税理士に証券相談をすすめる理由

なぜお客様の資産運用のお手伝いをするのか

この章は、「税理士も資産運用のアドバイスを始めましょう！」と、みなさんの背中を押したいと思って書きました。

税理士が証券アドバイスをすると、何ができるのか、どんなビジネスチャンスがあるのかを、一緒に考えてほしいと思います。

そのためにこの章では、なぜ税理士に資産運用相談をすすめるのかについて、少しページを割いて説明します。

そしてそのうえで、社長にどんな提案ができるのか、みていきたいと思います。

「税理士が資産運用のアドバイスまでするなんて」と思っていませんか？

私たちも初めはそう思っていました。しかし、いまでは資格を取得して、お客様の資産運用のお手伝いをしています。

実際に始めてみると、お客様から思っていた以上に喜ばれていますし、お客様の役に立っていると実感しています。

なぜ、私たちがお客様の資産運用のお手伝いをしようと思ったのか、これには理由があります。

税理士は、**お客様の資産状況を知る仕事**です。たとえば、こんなお客様がいました。

お父様が亡くなられ、相続税の申告を依頼しに事務所に来られました。相続税の申告にあたっては、税理士としてできる限り税額が小さくなるよう知恵をしぼりました。

しかし、そうしてお守りしたお客様の財産ですが、次にお会いしたときには、相続した証券口座で何百万円もの損失を出していたのです。

原因は、相続した証券で初めて証券取引を始めた相続人が、証券会社の営業マンの言いなりに、売買を繰り返した結果です。

私たちは、1円でもムダな税金を払わないですむようお客様の財産を守る努力をしています。そんな努力の甲斐もなく、投資では何百万円もの損失を出しているのです。

そんなに証券って、リスクの大きなものなのでしょうか。そんなことはありません！　**投資には、ちゃんと正攻法があります**。それを知らずに金融機関のいいように振り回されると、資産を減らす結果にもつながるのです。

税理士が証券相談をすることのメリット

私は、証券会社にいたことがあります。その経験から、資産運用のリスクは恐れるほどのものではないと知っています。大事なお客様の資産を守るために、資産運用の正攻法を私たち税理士が伝えたいと思っています。

また、税理士が資産運用のアドバイスを始めるということは、お客様の資産を守ることができるだけではなく、税理士にとってもいろいろとよい**相乗効果**があります。

相乗効果の1つには、証券運用のアドバイスをする税理士は珍しく、**他の税理士と差別化できる強みになる**ということです。保険あるいは不動産は、すでに税理士が踏み込んでいる領域です。これらを取り扱っている税理士事務所は珍しくありません。

ところが証券は、詳しい税理士がまだ少ない未開拓の分野です。これからの可能性が大いに期待できます。

また1つには、**新しいお客様に会うことができる**ことです。証券相談を始めてみると、いままで税理士に会ったことがなかったというお客様とも、出会えるようになりました。

証券をお持ちの方は、資産家もわりあい多いため、不動産投資を始めたいと考えていたり、売却したい不動産を持っていたり、保険の見直しなど、相談ごとをたくさん抱えています。

そこには、相続対策なども含めてビジネスチャンスが広がります。

さらに、**お客様と長期的に関わることができる**のも利点です。資産税のお客様とは、その業務が終わると関係も途切れがちでした。しかし、資産運用でつながると、いつまでもお客様です。気軽に相談される関係が続きます。

実は、この証券相談を可能にしたのが、「ＩＦＡ」になるという選択でした。

私たちが、金融機関に任せずに、「大事なお客様の資産は自分たちで守りたい」と思ったときに、出会ったのがこのＩＦＡという存在です。

これからの税理士がお客様にもっと役立つには、証券の知識も必要になってくると思います。

ＩＦＡになるための資格取得をめざさないとしても、この章で証券について、より知識を深めてほしいと思います。

6-2

いま注目の「ＩＦＡ」とは

金融先進国アメリカで広まるＩＦＡの活躍

「ＩＦＡって初めて聞いたけど、どんな資格だろう」と思う人は多いと思います。そこで、まず最初にＩＦＡについて、説明をしておきましょう。

ここでＩＦＡを紹介する理由は、その可能性の大きさと、税理士だからこそＩＦＡでお客様の役に立つことができる！　ということを知ってもらいたいからです。

ＦＰ（ファイナンシャル・プランナー）という資格が、アメリカから導入されたのはみなさんもご存じのとおりです。

ＦＰは日本中を席巻しました。いまでは、ＦＰといわれる人は、250万人を超えています。ただし、ＦＰはライフプランの設計はできても、具体的な資産運用のプランや投資先のアドバイスをすることはできません。

これができるのが、ＩＦＡです。ＩＦＡは、具体的な金融商品にまで踏み込んで提案できます。

日本のＩＦＡは、ＦＰと同様に、元はアメリカから導入されたものです。

すでにアメリカでは、独立系のアドバイザー（アメリカ版ＩＦＡ）が増加し続け、証券に係る個人の対面営業員の約４割を占めるまでになったといわれています（日本では、ＩＦＡが登録外務員に占める割合は5.7％（2020年現在）です）。

アメリカの独立系アドバイザーが、日本と比べて活躍できているのは、アドバイスに付加価値を付けているのも理由の１つです。

その付加価値というのが「**タックスマネジメント**」。アメリカでは、日本と違って税務業務は税理士の独占業務ではありません。アメリカの独立系アドバイザーは、証券の利益と合わせて税金アドバイスができることにも支えられ、大躍進をしているわけです。

言い方を変えると、アメリカの税理士は、証券業務でも稼げているということです。

ですから日本の私たち税理士も、税務相談は独占業務というアドバンテージを活かしながら、証券をビジネスの柱にすることは、今後の選択肢の１つになっていくと思います。

ＩＦＡはどんな仕事をするのか

ＩＦＡは、「Independent Financial Advisor」の略です。独立系の金融アドバイザーとして、内閣総理大臣の登録を受けると、証券会社以外の法人や個人でも証券業務（金融商品仲介業）ができるようになります。

つまり、特定の金融機関に属さずに、お客様に資産運用のアドバイスや金融商品の売買の仲介をＩＦＡなら行なえるわけです。

これにより、これまでは証券は証券会社と直接取引するしか方法がなかったのですが、間にＩＦＡを入れて相談するという選択肢ができました。

ＩＦＡは独立系です。証券会社の営業マンとは違い、**「ノルマ」のようなものがない**ところが強みです。完全に自分の裁量で、公正・中立にお客様のためになる商品を選んですすめることができます。

ＩＦＡになれば、ノルマもなくお客様に必要な商品の提案ができるようになったわけです。これは、大事なお客様の資産を自分たちで守りたいと考えていた私たちが、まさに求めていたものでした（なお、以下、この本ではＩＦＡとしての資格を持つ税理士を、「ＩＦＡ税理士」と呼ぶこととします)。

6-3 ＩＦＡ税理士がすすめる資産運用とは？

証券相談まですると忙しくならない？

日頃の税理士業務のほかに、証券相談まですることになったら、忙しくて到底回らないと思っていませんか？

しかし、心配は無用です。私たちがおすすめするのは、“**放ったらかし運用**”です。一度、証券口座を開設して資産運用を始めたら、後はほとんど手をかけません。手間をかけずに、証券収入が期待できるようになるなら、ちょっといい話だと思いませんか？

「そうはいっても、資産運用なんて自分でもやったことがないし、お客様にアドバイスなんて無理！」と尻込みしてしまうかもしれません。しかし、問題ありません。資産運用のアドバイスは、みなさんにだってできます。いえ、正直いって、お客様に信頼されるＩＦＡ税理士だからこそできるのです。

この項では、ＩＦＡ税理士だからできる資産運用について説明したいと思います。

リスクがあるのは投資。資産運用は資産を育てること

まずは、「投資」と「資産運用」の違いについて説明しておきましょう。

私たちは、「投資」と「資産運用」という言葉を、使い分けています。この２つは、まったく性格の異なるものです。この２つの運用を混同してしまうと、多くの勘違いが起こってしまいます。

「**投資**」とは、利益を得る目的で、資産を投じることです。

その代表格が「株式投資」です。株式投資では、会社の成長性や利益を見込んで資金を投入します。その結果、目論んだとおりのリ

ターンを得られることもありますが、目論みが外れて投下資金を大きく棄損することもあります。

投資は、ニュースや新聞から刻々と動く金融市場を把握し、そこと照らし合わせて個別企業などの未来を予測します。知的好奇心などが満たされ、ゲーム感覚で楽しむこともできるので、「投資」が好きという人は少なくありません。

ただし、どれほど情報を集めても、あるいは各種の専門家に尋ねても、誰も正解を予見することはできないので、高いリスクを伴います。

一方「**資産運用**」は、将来に必要な目標額を決めて、その目標に向かってじっくり時間をかけて資金を育てます。

いったん、自分に合った資産構成（ポートフォリオ）が出来上がると、その後はあまり組み換えなども行ないません。これが、いわゆる"放ったらかし運用"です。ある意味たいくつで、おもしろ味には欠けるところがありますが、資産を守ることを考えたときには、本当に大切なのはこの「資産運用」です。そして、ＩＦＡ税理士がすすめるのは、この「資産運用」です。

「資産運用」の王道は、「長期」「分散」「積立」です。証券を運用するため、リスクがないとはいえませんが、低リスクで資産を育てる運用法です。

これまで税理士が、保険や不動産投資の相談は受けるのに、資産運用の相談を避けてきたのは、「投資」と「資産運用」を混同していたせいもあったのではないかと思います。

ＩＦＡを始めたころ、ある知り合いの税理士から「証券相談でお客様の資産を減らしたら、本業の税務顧問契約まで解除されないかなぁ」といわれたことがありました。

人はたしかに、「損をする」のが嫌いです。ですから、「損をするくらいなら増えなくてもいい」と多くの人が、銀行にお金を預けっぱなしにしてきました。

しかし、世の中をにぎわせた「老後2,000万円問題」が露呈したように、老後資金をどのように確保していくかは、多くの人が直面する大きな問題です。老後のための資金準備に、資産運用が必要なことは明らかです。

国がある以上、税金があり、日本に住んで老後を迎える限り、資産運用が必須になったのですから、この両方の面倒を、「お金のかかりつけ医」をめざす税理士が見ていく必要があり、それを可能にするのがＩＦＡ税理士だと思っています。

資産運用に専門的知識は必要か？

「証券相談は、専門家でないと難しいのではないか？」と心配していませんか？

証券相談というと、アナリストのような専門家が回答する難しい相談だと思われがちです。

しかし、専門知識が必要なのは、「投資」です。

投資の場合には、「テンバガー（短期間で10倍になる株）の見分け方」のような講座があちこちで開催されていますし、勉強することもたくさんあります。市況の読み方やテクニカル分析まで専門知識を総動員して日々、株価などの動向をさぐっています。「一攫千金」

◎資産運用の極意◎

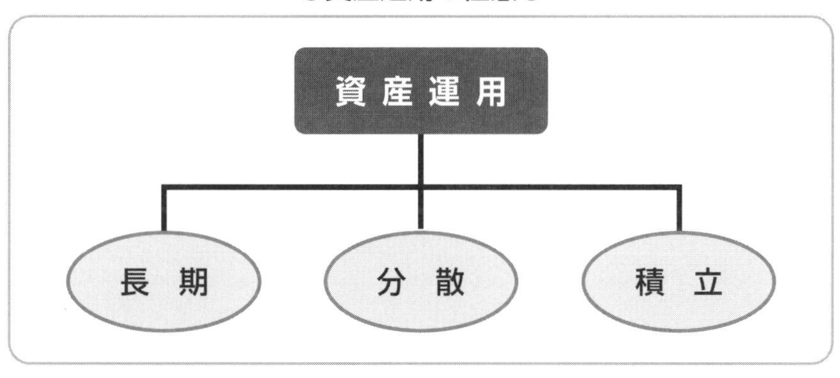

を夢見て、努力を怠らないわけです。
「資産運用」はその点、気楽です。「長期」「分散」「積立」の“放ったらかし運用”を、気長に実行するだけです。
ただし、資産運用を始めるときだけは、どんな資産構成（ポートフォリオ）にするかを考えて、どんな商品を買うかを決めることになります。
このときに、たくさんある証券商品のなかから何を選んだらよいのか困ってしまう、と思うかもしれません。そこで、「資産運用」のための商品の選び方について、私たちの方法を紹介しましょう。

資産運用のための商品の選び方

「投資」のための商品は、世の中に数えきれないほどあります。
しかし、「資産運用」に、向いた商品はそれほど多くはないと思っています。では、「資産運用」に向いたものとは具体的にどんな商品なのでしょうか。
そのヒントは、金融庁が資産運用の切り札としてすすめている「**つみたてNISA**」の推奨銘柄にあります。
この運用商品（投資信託です）は、金融庁が肝いりで厳選している「資産運用」のための商品です。その数は、それほど多くありません（国内に6,000本以上ある投資信託のなかで、ＮＩＳＡ取扱い銘柄は199本（2021年６月18日現在）です）。
私たちは、この「つみたてＮＩＳＡ」の対象銘柄を参考にして、投資対象、運用コスト（安いもの）、過去の実績（★の数などで評価されています）を比較しながら、おススメ銘柄を選んでいます。現在は、10銘柄くらいにまで絞り込んでいます。
この10銘柄の提案は、お客様ごとに変えたりはしない定番のものとなっています。

そういわれても、まだまだどうしたらよいか、何を選んだらよいのか不安だという人もいると思います。そんな人のためには、さらに奥の手があります。ＩＦＡは金融商品を仲介するために、証券会社と業務委託契約を結んでいます。実は、その証券会社が、商品の提案を含めて多方面でＩＦＡをフォローしてくれているのです。

実際、私たちも困ったことがあると、些細なことまでサポートを受けています。

話を最初に戻しますが、資産運用のアドバイスに必要なのは、専門知識ではありません。気長に資産運用に付き合えること、そして、この後説明しますが、お客様のためを思える、誠意のある気持ちだと思っています。

私たちがすすめる資産運用法

「資産運用」で、本当に資産が育つのだろうか？　と、疑う気持ちはありませんか？

ここでは、私たちが「長期」「分散」「積立」で、資産が育つと思う理由を説明します。

【長期投資】

短期での売買を繰り返すことなく、長期間にわたり金融商品をそのまま持ち続けると、投資の平均収益率は安定する傾向にあります。つまり、長期で保有することで短期投資に比べ収益のフレ具合が小さくなり、長期になるほど収益が安定化することをめざします。

みなさんのクライアントを思い浮かべてください。時の経過とともにいつの間にか、会社は大きくなっていませんか？　なかには縮小するクライアントもあるでしょうが、成長する会社のほうが多くはないでしょうか？

会社を継続するためには、利潤を増やして成長をめざす。時には、景気の波にもまれますが、時間をかければ戻ってきてまた成長を続けてくれる――。

クライアントを見ていると、長期投資を信じる気持ちにならないでしょうか？

【分散投資】

投資対象を分散するのは、特定の資産の値動きで運用資産全体が左右されないようにするためです。

ただし、分散投資を個別銘柄で行なおうとすると、相当の資金が必要になります。そのため、私たちは少額資金から分散投資ができて、かつ、プロの力も借りられる「投資信託」をおススメしています。

【積立投資】

「積立投資」は、資産を育てる強い味方です。

まとまった資金を投入する一括投資は、投資のタイミングによって、その後の利益に大きな差が出ます。そのため、始めるタイミングを図るのが難しい投資法です。

その点、定期的に一定金額を積み立てる「積立投資」は、購入のタイミングを考える必要がありません。

そして、積立投資のよい点は、相場が下がった局面でも定期的に買い続けることです。実は、この下がり相場はチャンスです。というのも、値が下がっているので、いつもより数量を多く買うことができます。また、低価で買ったものは、全体の平均取得価額を引き下げます。その結果、相場が戻ってくると、利益が出やすいようになっています。

このように積立投資は、景気の波をうまく利用しながら、資産を育てる方法となります。ただし、「逆もまた真なり」で、上がり相場で買い続けて、相場が下がったタイミングで売却すると、損が出やすいところには注意が必要です。

以上のことから、積立投資は売却のタイミングを選べると、リスクをコントロールしやすい投資方法であることがわかります。
お客様の着実な資産運用をめざすＩＦＡ税理士には、ぴったりの運用法だと思います。
相場が下がって心配するお客様にも、「いまがたくさん買えるチャンスです」と助言できますし、信用を失う心配もありません。
ただし、コツコツ積み立てていくので、目標額に向けては**早めに始めることがポイント**になります。

たったこれだけの３つのこと――「長期」「分散」「積立」で、資産が育つのをじっと待ちます。
本当にこれで大丈夫かと思うかもしれませんが、投資大国のアメリカでは、多くの人がこのやり方で着実に資産を増やしてきているのです。

6-4

ＩＦＡ税理士ができること①「iDeCo」&「NISA」

老後資金は自助努力で賄う

この項からは、税理士が資産運用について、どんな提案やアドバイスができるかを、少し具体的にみていきたいと思います。

まずは、みなさんもよくご存じの「iDeCo」（イデコ）と「ＮＩＳＡ」（ニーサ）からです。

これらは、運用益を非課税とするなど、税制優遇をして、資産形成が始めやすいようにと、国がつくった制度です。

ちなみに、ｉＤｅＣｏとＮＩＳＡのうち「つみたてＮＩＳＡ」は、原則として、「分散」「積立」「長期」を基本とした運用法です。

投資は初めてというお客様には、まず基本の運用法を利用したｉＤｅＣｏとつみたてＮＩＳＡからすすめています。

しかし意外なのは、投資経験の長い社長が、ｉＤｅＣｏやＮＩＳＡを利用していないことが多いことです。

その理由は、ｉＤｅＣｏやＮＩＳＡは、手数料の高い商品ではないため、金融機関や営業マンが積極的にすすめないことにもあるようです。

あるお客様から、「投資できる額が少ないから、社長にはおもしろ味が少ないでしょう」と、担当の営業マンにいわれたと、うかがいました。

しかし、これは逆です。ｉＤｅＣｏとＮＩＳＡを利用しないほうがもったいなくてつまらないと思います。ＩＦＡ税理士としては、非課税運用の効果について説明したいと思います。

 資産運用のコツはかかるコストを抑えること

ｉＤｅＣｏやＮＩＳＡについて説明する前に、まずは、金融商品などに対する税金がどれほど運用の足かせになっているのか、そこから見てほしいと思います。

「**20.315％**」――税理士なら絶対に知っているこの数字。もちろん、金融取引に係る税率です。一方、大手銀行の定期預金金利は「0.002％」（2021年７月現在）です。率だけを見ても、運用にかかる税率の高さに驚きます。

では、税金がかかる場合について具体的に考えてみましょう。

仮に、100万円を利率３％で複利運用すると、10年後には約134万円になります。これを売却した場合、税金が引かれた後の手残り金額は、約127万円です。同じように100万円を３％で複利運用した場合、８年目を過ぎたあたりで約127万円になります。

ということは、100万円を３％で10年間、複利運用したといっても、税金を考えると８年目を過ぎたその後の利益は手元に残らなかったことになります。

なんと驚くことに、10年のうちの２年あまりの期間の運用益は、国税と地方税に消えていたのです。

そして、なぜか多くの人は（社長も含めて）このことに無頓着です。

資産運用は、手残り資金を最大化するのが目的です。ですから、運用とそこにかかる税金をセットで考えてください。大切なのは、**利益から税金を引いた最終手取り額**です。

このことを先の社長に話したところ、「なるほど、そんなに税金を払っていたとは！　失敗したな」といって、「ｉＤｅＣｏ」と「つみたてＮＩＳＡ」を始めました。

iDeCoのしくみ

ｉＤｅＣｏは、自分でつくる年金制度です。

簡単におさらいしておくと、20歳以上60歳未満の人であれば、原則として誰でも加入できます（企業型確定拠出年金に加入している場合には、加入できないこともあります）。ただし、職業等によって、下表のように上限金額が異なります。

職　業	上限金額
自営業	月額６万8,000円
会社員（企業年金あり）（※）	月額１万2,000円・２万円
会社員（企業年金なし）	月額２万3,000円
専業主婦（夫）	月額２万3,000円
公務員	月額１万2,000円

（※）企業年金の種類によって異なります。

なお、2022年に予定されている改正では、加入可能年齢が60歳から65歳まで拡大し、受給開始時期の上限が70歳から75歳まで延長されています。

ｉＤｅＣｏの税制上のメリットは、**運用益が非課税になること、そして積立金額がすべて所得控除の対象となって所得税・住民税を軽減できること**です。

ただし、受け取るときには課税の対象です。一時金で受け取るのと、年金として受け取るのとではどちらのほうが得なのかを、検討することが必要です。一括で受け取るなら「退職所得控除」、年金として受け取るなら「公的年金等控除」の対象となります。

ここまでは、よくご存じのことと思いますので、そのｉＤｅＣｏの効果を具体例で見てみましょう。

たとえば、企業年金のない会社で、年収1,200万円の社長が40歳から60歳まで毎月23,000円、ｉＤｅＣｏに加入すると、所得税・住民税を合わせた節税額は約182万円と試算できます。

この試算は、ネットホームページを利用して行なうことができます。

かんたん税制優遇シミュレーション｜iDeCo（イデコ・個人型確定拠出年金）【公式】（ideco-koushiki.jp））

毎月23,000円の積立てをすると、20年間、複利３％で運用できると755万円になります。投資元本は552万円ですから、203万円の利益です（非課税でなければ、41万円の税金が引かれて162万円となります。この差も大きいです）。

節税効果と利益を合わせると元本552万円で385万円（182万円＋203万円）。これは、元本の７割にもなります（20年間、３％複利で運用できた場合です）。

すごいことだと思いませんか？

株式などの投資で元本を７割も増やすのはかなり大変ですが、ｉＤｅＣｏはお金を定期的に積み立てて放っておくだけです。

ｉＤｅＣｏは手数料が安いこともあって、これをすすめてくれる金融機関はなかなかないのですが、この試算を聞いたら利用しない手はない制度だと思いますよね。

しかも、社長のような高所得者ほど受けるメリットが大きい制度です。

NISAのしくみ

ＮＩＳＡ制度についても、確認しておきましょう。

◎ＮＩＳＡの新制度の内容◎

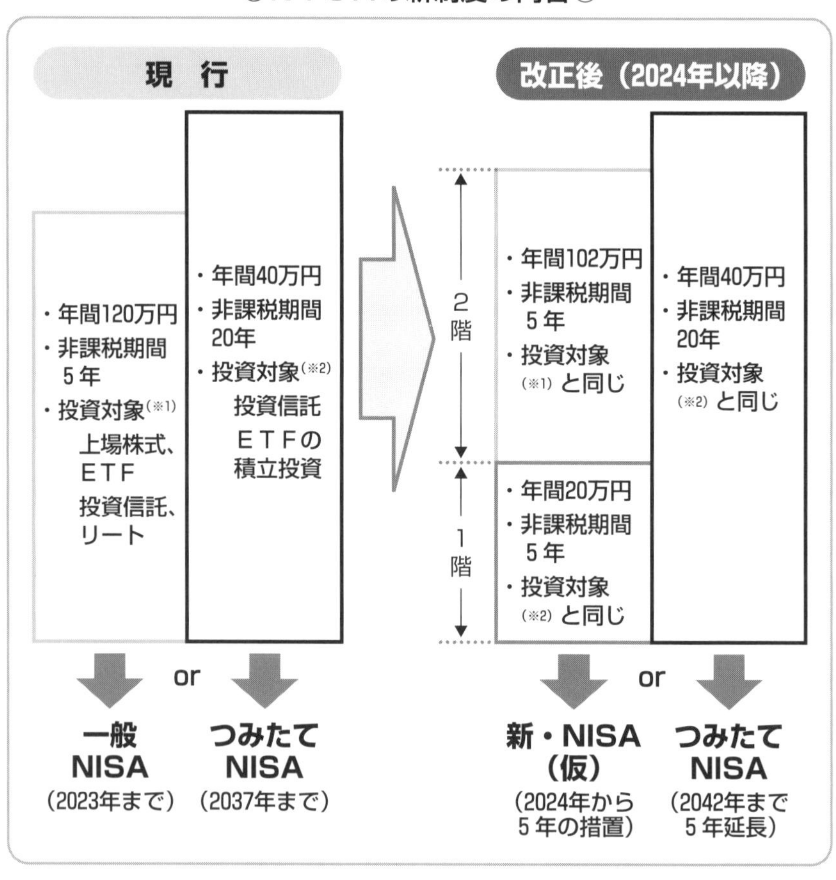

ＮＩＳＡには、「一般ＮＩＳＡ」「つみたてＮＩＳＡ」「ジュニアＮＩＳＡ」の３種類あり、この制度を利用すると運用益が非課税になります。このうち「ジュニアＮＩＳＡ」は、名前のとおり未成年者向けで、年間80万円を最長５年、非課税運用できますが、2023年で終了します。

「つみたてＮＩＳＡ」は、口座開設可能期間が2042年までと、現行から５年延長されます。2023年までに始めれば、年間40万円を上限に最長20年間の積立投資ができます。

「一般ＮＩＳＡ」の現行制度は、年間120万円まで５年間非課税で運用できるというものです。これが、2024年以降は、２階建ての制度に変更になり、１階部分は積立投資で上限が20万円、２階部分は102万円まで積立て以外でも投資できます。１階、２階とも非課税期間は５年です。

「ｉＤｅＣｏ」と「つみたてＮＩＳＡ」は、運用益が非課税になる特典と投資方法が似ているため、その違いがわからないとよくいわれるので、ここで簡単に整理しておきます。

違うポイントは大きく２つあります。

１つは、ｉＤｅＣｏは、掛金が所得控除できる代わりに、受取時には「退職金課税」「公的年金課税」の対象になること。これはＮＩＳＡにない特徴です。

もう１つの違いは、ｉＤｅＣｏは年金準備のための制度ですから原則として60歳まで資金を引き出すことができません。その点、ＮＩＳＡは、手軽な資産運用商品で、いつでも自由に解約できます。

ある社長から、「専業主婦の妻がｉＤｅＣｏに入っても意味はないよね？」と聞かれたことがあります。

たしかに、専業主婦の奥様は、自分で税金を払っていないので所得控除のメリットは受けられません。この場合、ｉＤｅＣｏに入る特典は非課税運用です。

そうであれば、いつでも解約できるＮＩＳＡのほうがおススメでしょう。ただし、つみたてＮＩＳＡは、上限額が年間40万円と決まっています。この枠だけでは足りないというときには、「つみたてＮＩＳＡ」と「ｉＤｅＣｏ」をダブルで使うことをおすすめしています。非課税枠は大いに利用したほうがいいでしょう。

ちなみに、奥様名義でｉＤｅＣｏに入って、社長自身の所得控除として使えますか？　と質問されましたが、奥様の掛金を社長が払ったとしても、社長の所得控除にはなりません。

6-5

ＩＦＡ税理士ができること②　証券贈与のメリット

株式も贈与できる？

この項は、すでに保有をしている株式についての相談になります。税理士には得意の分野の相談といっていいでしょう。

前々から相続対策を提案していて、でもなかなか腰をあげなかった社長に、「社長がお持ちの証券から贈与しましょう」というと、「証券って？　株も贈与できるの？」と急に乗り気になったことがありました。

証券会社に預けている株式などの証券は贈与できないと思っている人が案外多いようです。しかし、株式などの証券も贈与できますし、むしろ、証券で贈与したほうがよいことがいろいろあります。

証券贈与の提案は、証券をお持ちの社長に、相続相談を切り出す際などのちょっとした話しのマクラにもなるかと思います。

証券贈与のメリットのいろいろ

●証券のほうが、気持ち的にあげやすい

手元資金が減ってしまうのは、資産の多寡にかかわらず不安になるものです。その点、証券会社にある投資資金は、使い道が決まっていない余剰資金であることが多く、手元資金より気持ちに余裕をもってあげやすいようです。

●不動産を贈与するよりコストがかからない

不動産の贈与は、登記費用、不動産取得税などのコストがかかり、相続税対策のつもりが、結局はこれらコストが節税分を上回ってしまうということがあります。

証券贈与なら証券会社に払う手数料だけです。証券会社によっては、この手数料もかかりません。

●ムダづかいを防止する

生前贈与で心配になるのは、まとまったお金が銀行に振り込まれると気が大きくなってムダづかいをしてしまうことです。

証券なら、気がつくと使っていた、という心配がない金融資産です。

●株主優待も有効に使える

株主優待では、保有する株数によって受けられる特典が変わってくるものがあります。たとえば、100株以上なら1,000円相当、300株以上なら3,000円相当といった具合です。

こんな株を、１人で200株持っていても受けられる優待は1,000円相当分だけです。そうであるなら、200株のうちの100株を贈与すると、２人それぞれが1,000円相当、合わせると2,000円相当の優遇を受けられるようになり、ちょっとお得です。

●値下がり証券は、税金を小さくして渡せる

上記のメリットまでは、税理士にはあまり関係のない話でしたが、ここからは税理士だからできる提案です。

贈与資産は、財産を取得した日の評価額で評価します。ただし、証券の評価額は、現預金と違って変動します。

ですから証券の場合は、評価額が下がったときに贈与をした証券の評価額が戻ったら、お得な贈与ができたことになります。

たとえば、社長が所有している150万円の投資信託を、110万円（贈与税の非課税枠）まで下がったときに贈与をして、その後150万円に戻ったなら、40万円に係る贈与税がかからなかったことになります。

でも、こんな話を社長にすると、「その投資信託の価格が戻るかどうかなんてわからないでしょ」と叱られそうです。投資信託など

の証券は、たしかにそのとおりです。価格は下がったままかもしれません。

でも、戻ったことを確信しながら実行できる贈与もあります。それは、**株式の贈与**です。

理由は、株式の評価額は、ご存じのとおり以下の4つあり、このなかから最安値を評価額として選ぶことができるからです。

①贈与した日の終値
②贈与した月の終値平均
③贈与した前月の終値平均
④贈与した前々月の終値平均

つまり、現在の株価と2か月前の株価を比較しながら贈与できます。先ほどの例でいうと、2か月前の終値平均が110万円だった株を、2か月後のいま、150万円まで戻ったことを確認して贈与できるということです。

2020年3月に、コロナショックによる株価暴落が起きました。多くの人が動揺したこのときは、実は証券贈与の好機でもあったのです。

3月に暴落した株のなかには、5月には値を戻していたものもあります。つまり、株価が戻ったことを確認して、贈与ができたということです。

株式は値動きが激しい商品です。株価が下がっても、がっかりしないで贈与のタイミングをうかがってください。値下がり証券を、税金を少なく渡せるのも、証券贈与のメリットです。

6-6 ＩＦＡ税理士ができること③ 塩漬け株の利用法

塩漬け株は本当に損をしているの？

投資した株式の価額が下がってしまい、売りたくても売れずにそのまま保有している「**塩漬け株**」。そんな「塩漬け株」も、最後まであきらめずに、利用できるものは利用しましょう。

「塩漬け株は、子どもたちに残さないように、自分の代で処分したい」といっている社長はいませんか？

そんな社長には、「塩漬け株にも利用法があります」と教えてほしいと思います。

でもその前に、その塩漬け株は、本当に損しているのかの検証も必要です。

たとえば、1986年の第一次売出し価額が119万7,000円だったＮＴＴ株。政府が売り出す株なら間違いないと、初めて株に手を出した結果、未だ塩漬けだと嘆くお客様がいました。

しかし、いまでは上場したときからの配当金を含めると、プラスに転換し始めているといいます。第一次売出しから、30年以上の時を経て、お客様の損失は取り戻されたようです。

これは、長期投資の効果です。株も長期で持っていれば、その間の配当金などを含めると、元本の損失がカバーされていきます。

「塩漬け株を持っていて、なかなか売れない」と嘆いて長期間保有しているうちに、実はプラスに転じていることがあるのです。

塩漬け株はどのように利用するのか

次に考えるのは、その塩漬け株の利用法です。

元本に損失が出た証券を、「**損切り**」で終わらせるのはもったいないと思います。

そこで、証券税制の譲渡損失の「損益通算」、「繰越控除」を、もっと活用してもらいましょう。

損益通算、繰越控除とは

- **損益通算**…上場株式等の譲渡損失を、その年の利子・配当等と相殺することができる制度です。
- **繰越控除**…損益通算をしてもなお控除しきれない譲渡損失を翌年以降の３年間にわたり繰り越すことができる制度です。つまり、繰り越された譲渡損失は翌年以降の３年間、上場株式等の譲渡益や利子・配当等と相殺することができます。

これらの制度を知らない税理士はいないでしょう。でも、お客様のうちにはこれらを積極的に利用しきれている人は多くないようです。

たとえば、譲渡損失を出した年には、利子や配当金との損益通算を忘れなかったとしても、せっかく繰り越した損失を、翌年以降に利子や配当金と相殺するのを忘れていたりします。繰越控除を利用したお客様には、翌年以降の配当金や利子にかかる源泉所得税の還付を忘れずに受けるようにアドバイスしましょう。

ここで気をつけたいのは、これら損益通算、繰越控除の適用は、ｉＤｅＣｏとＮＩＳＡにはないことです。ｉＤｅＣｏとＮＩＳＡは、運用益には税金がかからない反面、損失を出した場合のフォローは認められていないのです。

「もう投資はやめているので、損切りした譲渡損失は、自分では利用できない」という社長がいても、やっぱりあきらめないでください。

その社長のまわりに、証券を持っている家族はいないでしょうか？
たとえば、「長女が資産運用を始めたらしい」といった場合には、検討すべきはその長女への**証券贈与**です。そうすれば、社長の口座で損切りをせずに、長女の口座でその損失を活用することができます。

贈与をした証券の取得価額は、贈与者の取得価額を引き継ぎます。贈与した日の時価ではありません。ですから、社長の取得価額は贈与を受けた長女に引き継がれることになります。
つまり、社長の証券の含み損は、贈与を受けた長女にそのまま引き継がれるわけです。ということは、長女が贈与を受けた後でその塩づけ株を売却すると、長女が受け取っている利子や配当などと損益通算できるようになります。
長女は、贈与を受けた証券のほかに、利子や配当などにかかっていた源泉所得税の還付という贈り物も、もらえたことになります。
株式投資などの元本に出た損失は、みすみす逃さずに、利益にかかる税金が節約できるよう有効に活用してください。

6-7

税理士こそＩＦＡに向いている

ＩＦＡは顧客利益を最優先する

ＩＦＡ税理士ができることについて３つほど紹介してきました。この項では、「税理士こそ顧客に信頼されるＩＦＡになれること」について説明しておきたいと思います。

いま、日本ではＩＦＡに注目が集まっています。日本の金融業界の体制を変えるゲームチェンジャーとして期待されているのです。

契機は、2019年に金融庁から出された指針「**フィデューシャリー・デューティー**」にありました。この指針は、「**顧客の利益を最優先する**」というものです。

金融業界では、それまでの「最低限守らなければいけないルール」に注意するだけでよかった営業方法から、「顧客の利益を最優先する」がマストの営業方法に大きく変わったのです。

「顧客の利益を最優先する」ことは、利潤を追求する大手金融機関にとっては構造的に難しいことです。逆に、「顧客の利益を最優先する」は、独立したＩＦＡが掲げるスローガンです。

日本の金融業界の体制を変えて「フィデューシャリー・デューティー」を果たせるのは、まさにＩＦＡだと、いま期待が集まっているのです。

ＩＦＡの報酬のしくみ

ＩＦＡの報酬についても、簡単に説明しておきましょう。

ＩＦＡの収入は、証券会社から入るコミッションです。紹介した証券が売れると、証券会社からお客様が支払った手数料の一部がＩＦＡにバックされます（顧客から報酬を直接、もらうことはありません)。

しかし、コミッションで稼ぐということは、手数料の高い商品の販売につながりやすく、これでは結局、「顧客の利益を最優先する」にそぐわない結果を招くことになってしまいます。

そのため最近では、顧客の「預り資産」の残高に応じて手数料をもらう「**フィービジネス**」に切り替えるＩＦＡが増えています。

運用することで顧客の資産が増えると、ＩＦＡのフィーも増えるという、双方ウィン・ウィンをめざす手数料体系です。

ＩＦＡの課題

顧客本位の金融アドバイザーとして脚光を浴びるＩＦＡですが、ＩＦＡによって、考え方もサービスも異なります。

ＩＦＡの収益の柱は手数料です。お客様の利益を考えずに手数料の高い商品をたくさん売って稼ごうとするＩＦＡがいないとは限らないわけです。

しかも、ＩＦＡ業者は規模が小さく歴史も浅いため、まだ法整備が十分とはいえない状況です。

強引な勧誘で敬遠された大手証券会社と同じ道を歩まないとは言い切れないのです。

手数料ありきの販売をしない

税理士は、手数料ありきの仕事をしません。なぜなら、転勤のある営業マンとは違い、担当者が頻繁に変わるということがなく、お客様とは、長い付き合いになるからです。そして、税務というお客様との信頼関係で築かれている別のビジネスを業務の柱としているからです。

みなさんは、「**投資信託の回転売買**」について、聞いたことがありますか？　これは、金融庁が規制に動いた投資信託の販売方法です。

投資信託は、長期投資を前提に運用を行ないます。投資信託には、購入時に手数料がかかるものがあり、高いものだと購入金額の３％ほどかかります。

長期で保有すれば、この購入手数料も平準化されますが、短期の売買を繰り返していると、手数料負担が収益に重くのしかかってきます。

これは、相談に来たお客様の話です。

そのお客様は、証券会社の営業マンから、「資産運用を始めましょう。これからはＡＩの時代です」とすすめられて、ＡＩを投資対象とした投資信託を1,000万円で購入しました。

次に、同じ営業マンから「ロボットの時代です」とすすめられて、先に買ったＡＩ関連の投資信託をすべて売却して、ロボットに投資をした投資信託に買い替えました。

ほどなく、その営業マンが「ＥＳＧ投資の時代です」といいにきたので、ロボット関連の投資信託から、ＥＳＧ投資の投資信託に買い替えました。

このお客様は、短期間に同じ資金を元手に２回買い替えて合計３回、投資信託を購入しています（実は、ＡＩ、ロボット、ＥＳＧ投資というと違うものに聞こえますが、投資対象はあまり変わりません）。

これらの取引の結果、お客様の投資信託は大きく元本を割り込みました。

それもそのはず、これら投資信託の購入手数料はすべて約3.3％だったのです。ということは、１回買うのに約33万円の手数料を３回払っています。合計すると、なんと約100万円です。

お客様は気がつかない間に約100万円もの手数料を証券会社に払い込んでいたわけです。このように、行き過ぎた手数料ありきの販売方法は、こんな不利益をお客様にもたらしているのです。

 IFA税理士が相談相手になって資産防衛

話は最初に戻りますが、私たちがＩＦＡ税理士になったのは、自分たちで証券相談ができなかったばかりに、手数料を優先する営業マンに資産を減らされていくお客様をたくさん見てきたからです。

資産運用は、証券の運用リスクが高いのではなく、営業マンのいいなりに**理解のできないまま自分の資産を任せてしまうのが高リスク**なのです。

ですから、資産運用で一番大切なのは、信用できる相談相手を見つけることです！　これこそが、最大の資産防衛術です。

ＩＦＡ税理士こそ、その相談相手にふさわしいと考えています。

ＩＦＡ税理士の強みは、ＩＦＡと税理士の両方の立場からサポートできることです。

ＩＦＡ税理士は税理士なので、社長とは長く付き合うことが前提ですから、目先の手数料に惑わされることなく、長期的視野で資産運用のアドバイスができます。

さらに、資産運用において、税引き後の最終手取りまで考えて、アドバイスができるのもＩＦＡ税理士ならではです。

社長の資産防衛のための証券相談というと、何か高度な投資術を想定したかもしれませんが、実は、みなさんのリテラシーを持って騙されないように見張ることでもあります。

これからは、みなさんが資産相談までアドバイスをして、社長の個人資産までしっかり守ってください。

そして、社長の資産運用の相談をきっかけにして、相続を見据えながら、証券、保険、不動産と、総合的に個人資産のコンサルをしてください。

税理士としてお客様にできることが、たくさん眠っていると思い

ます。

いままで、これが税理士業務だと考えていた枠を少し広げることで、ビジネスの幅も広がります。

その広がったビジネスチャンスは、私たち税理士だけではなく、お客様の利益にもなるはずです。証券相談については、税理士資格を活かす新しい手段として、積極的に挑戦してもらいたいと思います。

7章

「事業承継」相談編

社長の資産防衛に事業承継は欠かせない

後継者選びのポイントは？

経営権を分散させないためには？

事業承継に関する税金で知っておくことは？

7-1

事業承継について考えましょう

事業承継は前もって準備しておく

社長の資産防衛には、「**事業承継**」についてもあらかじめ考えておく必要があります。

長年苦労をして築き上げてきた会社は、社長の大事な財産です。事業承継は社長の資産防衛にも、大きな影響を与えます。

事業承継といわれてもピンとこないようであれば、会社の相続のようなものだと考えていただきたいと思います。

どんなやり手の社長も、いつかは社長の座を譲る日がきます。事業承継が関係ない社長などいないのです。必ずやってくる社長引退のための準備は、社長自身のためにもしっかり用意しておく必要があります。

しかし、日々の経営に忙殺されている社長自身は、事業承継の必要性に気がついていないことがあります。ですから、突然、事業承継の話題を持ち出しても、「いまから準備する必要があるの？」「そのときになってから考えればいいんじゃない？」という返事が戻ってくるかもしれません。そんなときには、社長との雑談のなかで事業承継を考えるきっかけになる話（以下のような質問）をしてみてください。

①何歳まで経営（この仕事）を続けようと思っているか？
②引退後も会社を存続させたいか？
③引退後は、どう過ごしたいか？
④退職金についてどう考えているか？
⑤退職金の準備はしているか
⑥後継者として思いつく人はいるか？

⑦後継者に引き継いでも大丈夫な体制になっているか？
⑧いまの会社は後継者が引き継ぎたい、もしくはどこかの企業が買収したいと思うような魅力ある会社か？

社長の退職後を考えることが、事業承継の第一歩であることを、まず知ってもらいましょう。どんな経営者もいつか直面する問題（上記の質問など）について、考えて進めていくことが事業承継となります。

後継者選びと教育

事業承継の成功のカギを握るのが「**後継者選び**」です。

後継者には、「**能力や意欲のある人**」で、「**他の社員や親族、会社関係者の理解や同意を得られる人**」を選ぶことが大切です。

しかし、後継者の資質が大切なのはわかっていても、オーナー企業などでは、子どもなどの親族に事業を引き継がせたいと、こだわってしまうことがあります。その結果、経営能力ややる気がない後継者を選んでしまい、会社が立ち行かなくなってしまった、などといったこともあります。ですから、後継者選びには、みなさんの**適切な助言も必要**になってきます。

能力・意欲のある後継者を選ぶためには、**従業員や社外などから能力・意欲のある人を選ぶという冷静な選択肢も必要**になってきます。

後継者候補が決まったら、次は「**後継者の教育**」です。企業理念や経営方針の承継、実務、取引先や従業員との関係構築など、習得してもらわなければいけないことは数多くあります。後継者の育成には、5〜10年は必要と考える経営者が多く、時間が必要です。

社長の引退後も安心して経営を任せられるようになるには、早めの後継者選びなど事業承継を始めることが必要になります。

7-2

経営権の分散防止も検討しよう

後継者に引き継ぐ３つの権利とは

「事業承継」というと難しそうに聞こえるかもしれませんが、必要なのは以下の３つの権利を後継者に渡すことです。

①役職（経営を行なう権利）
②株主の地位（会社を支配する権利）
③事業用資産（財産に関する権利）

このうち、特に重要なのは、②の株主の地位（会社を支配する権利）です。この権利が分散してしまうと、経営者としての意思決定をスムーズに行なうことが難しくなります。

そのため、会社を支配する権利となる「自社株」を、いかに後継者に集中的に保有させるかの準備がとても大事になってきます（株の保有割合によってできることは、２章51ページ参照）。

分散をさせない方法

社長が持っている自社株を後継者に引き継ぐための準備を何もしないでおくと、相続のときに他の相続人に自社株が分散してしまう可能性があります。

そのため、自社株を分散させずに、後継者に引き継がせる方法には何があるのかを簡単に確認したいと思います。

【生前贈与】

生前贈与は、確実に自社株を後継者に渡せる方法です。ただし、高い贈与税がかからないよう、贈与税の基礎控除（年間110万円）

や事業承継税制を活用するなどの計画的な対策が必要です。

【遺言書の作成】

後継者に自社株や事業用資産を相続させるためには、遺言書が不可欠です。遺言書がないばかりに、相続人同士で遺産の分け方を決めることになると、自社株や事業用資産が分散したり、相続争いに発展してしまうこともあります。

【遺留分対策】

遺言書を作成する場合には、「遺留分」に気をつけましょう。遺留分とは、相続人に認められた最低相続できる割合のことです。仮に、後継者が相続する自社株や事業用資産が、他の相続人の遺留分を侵害してしまうと、他の相続人は侵害されている分に見合うだけの金銭を請求することができます。どうしても遺留分を侵害してしまう場合には、支払う金銭の対策も、あらかじめ考えておく必要があるということです。

＜遺留分の割合＞

- **配偶者・子どもや孫がいる場合…法定相続分の２分の１**
- **親や祖父母だけの場合……………法定相続分の３分の１**
- **亡くなった人の兄弟姉妹…………遺留分はありません。**

【信託の活用】

自社株の分散対策として「**遺言代用（型）信託**」の活用もあります。これは、経営者が、生前に自社株を対象に信託を設定し、経営者死亡時の株式の承継を定めることができるものです。また、認知症になったときの管理権限についても定めておくことができるため、現経営者の認知症対策としても活用できます。

【持株会社の設立】

後継者が「持株会社」を設立し、その会社が現経営者から自社株を買い取り、保有させるという方法です。現経営者は自社株の代わりに現金を受け取るので、相続のときに、自社株が分散するリスクを回避できるというわけです。具体的には、金融機関から自社株式の買取資金として持株会社が融資を受けます。返済原資は、事業会社からの配当です。

【種類株の発行】

議決権のない株式を発行して、経営権の分散防止を図るという方法もあります。後継者ではない相続人などの株主が保有する株式を、議決権のない株式にすることで、株主総会での発言権をなくし、会社の意思決定がスムーズに行なえるようにします。

これらの方法を組み合わせて、経営権が分散しないように準備をすすめる必要があるということです。

また、平成２年の商法改正前は、設立時に最低７人の株を保有する発起人が必要だったため、名義だけ借りている名義株主がいることがあります。事前に、株主の把握や整理を行なって、のちのちトラブルにならないようにしておくことも必要です。

7-3

自社株を渡す場合の税金対策

事業承継税制を理解しておこう

自社株を後継者に渡すためには、相続税や贈与税などさまざまな税金がかかります。

そのため、税金対策として活用したい税務上の特典を簡単にまとめましたので、検討する際の参考にしてください。

【事業承継税制】

事業承継の税金対策の１つに、後継者が引き継いだ自社株式にかかる相続税や贈与税の納税が、猶予されたり免除を受けられる制度（事業承継税制）があります。この制度は、2018年の改正で適用要件等が期限付きで緩和されています。

＜改正前と改正後の特例の比較＞

【改正前】

●納税猶予になるのは、発行済議決権株式総数の３分の２まで

●相続税の納税猶予割合は80％

⇒そのため、実際に猶予される額は全体の約53％にとどまる

【改正後】

●対象株式数の上限を撤廃し、議決権株式のすべてを猶予対象とする

●猶予割合を100％に拡大

⇒事業承継に係る金銭負担はゼロとなる

（※）適用期限は、2018年１月１日～2027年12月31日までの10年間。承継計画を2023年３月31日までに都道府県に提出。

◎事業承継を円滑にすすめるために活用したい税務上の特典◎

生前贈与で承継する場合

将来、後継者が負担する相続税を軽減したい
時間をかけて計画的に資産を承継したい
→ 年間110万円までは贈与税がかからない制度 **贈与税の暦年課税制度**

時間をかけずにまとまった資産を、後継者に承継したい
自社株など評価が上がる前に、後継者に承継したい
→ 2,500万円まで贈与税がかからない（超える部分は20%課税）制度 ただし、相続時には相続財産に含めて相続税の計算 **相続時精算課税制度**

相続で承継する場合

税負担のための十分な資金はないが、自社株を承継させたい
子に限らず従業員でも、後継者が決まったタイミングで、自社株を承継させたい
→ 自社株の贈与税、相続税の納税を免除または猶予する制度 **事業承継税制**

先代経営者の相続財産に、事業に使っていた土地がある
先代経営者の相続財産に自宅用地がある
→ 事業用地や自宅の土地を最大８割、評価減できる **小規模宅地等の特例**

突然亡くなった先代経営者の退職金がある
→ 「法定相続人×500万円」の非課税枠制度 **死亡退職金の相続税の非課税枠**

先代経営者が亡くなったときにも、運転資金や納税資金に困らないようにできる
→ 「法定相続人×500万円」の非課税枠制度 **死亡保険金の相続税の非課税枠**

実際、経営者が変わるということは会社にとっては大ごとで、実行にあたっては各専門家との調整なども必要になってくる一大案件です。しかし、この章では、あくまで社長の資産を守る意味で事業承継を考えてもらいたいと思い、きっかけづくりと事業承継で気をつけることなどを簡単に紹介しています。

事業承継という言葉を聞くと構えてしまいがちですが、社長には、まずは自身の退職後を考えることから始めればよいのだと知ってもらいましょう。

そして、社長の資産防衛を着実に進めるために、事業承継に踏み出す背中を押すのも税理士の大切な仕事だと思います。

なお、もう少し事業承継を考えるヒントがほしいということであれば、拙著ではありますが、『税理士がアドバイスする‼ 事業引継に困らないバトンタッチノート』（ぎょうせい刊）を参考にしていただければと思います。

このノートは、社長に事業承継は特別なことではないと知ってもらい、最初の一歩を始めやすいように執筆しました。この章では、そのノートからも一部抜粋しています。

特別企画

株式会社ビスカス
八木美代子社長にお聞きする

税理士業界の昔といま、そして将来

株式会社ビスカス 代表取締役
八木美代子 氏

早稲田大学卒業、株式会社リクルート入社。1995年、個人や法人に税理士を無料で紹介する事業を創業。その後、有限会社ビスカス設立、2001年、株式会社ビスカスに組織変更。

創業26年、税理士紹介ビジネスのパイオニアとして、業界最大の紹介実績を誇る株式会社ビスカス。

同社の代表である八木美代子社長に、「私たち税理士業界をどのように見ているのか」お話をうかがいました。そのなかで、一番伝わってきたのは「税理士は絶対に、なくならない仕事だ」という信念でした。

――お客様が税理士に望むことに、昔といまでは変化がありますか？

中小企業の経営者が税理士に望むことで変わっていないのは、税理士にすべてを任せたいと、思っていることです。

昔は、記帳代行を任せたいというような、単に事務処理的な要望でした。しかし、いまは税理士に対して「何でもやってほしい」「お金の知識に関することは何でもお願いしたい」と、要望の内容も範囲も広くなっていると思います。

――どんな税理士が選ばれると思いますか？

何でもよく知っている人が、一番選ばれると思います。お金に対して何でも答えられる、というスタンスを保てることが大切です。

さらに最近では、デジタルシフトができているかどうか、ということも選ばれるポイントになっています。

デジタルシフトに関して、税理士業界は少し遅れがちですので、対応できている事務所は、差別化に成功しています。

また、コロナ禍のなか、オンライン面談へのニーズが高くなっていますので、この変化に対応できていることも大切です。

弊社が紹介したお客様にアンケートを取ると、税理士を決めた理由のトップは、「相性」という回答です。

経営者は孤独で、誰かに相談したい、あるいは背中を押してほしいと思っていて、その相手には、税理士を希望しています。ですから、気持ちの部分やコミュニケーションをとるうえで、経営者と関われることも重要です。

――今後、生き残る税理士像についてのお考えを教えてください。

税理士のアドバンテージは、「ナレッジ（知）」だと思っています。そのナレッジというのは、税理士試験に合格したという「知」ではない（もちろん試験に合格するまで多くの苦労はありますが）と思っています。

資格を取った後で、中小企業のオーナー社長をどう見守っていくかが税理士の仕事の要です。ですから、中小企業のオーナーのためになるナレッジが、税理士先生の宝となります。

これをどうわかりやすく伝えていくか、ということが重要だと思います。

いままでは、決算書をつくるのにいくら、という観点だったと思いますが、これからは、決算書の読み方を確認して、どんな状況かを伝えることなどが必要になってくると思います。

また、税理士はもっとコンサルに関わるようになることが望ましいと思っています。

中小企業の課題を理解してアドバイスすることこそ、税理士が得意とする仕事だからです。経営者はその付加価値に対してのコストは惜しまないと思います。

――税理士がＩＦＡをやるということについて、どう思われますか？

とてもよいと思います。かつてはよく私にも、会社の社長から電話がかかってきて、不動産や保険を使った投資などの、お金の相談をされたことがあります。社長ならお金についてよく知っているのでは？　と思う方もいらっしゃると思いますが、案外知らないものです。その社長には、投資は自己責任で、と念を押してアドバイスをしましたが、本来こういったコミュニケーションは、知識を持っている税理士と取るべきです。

「税金の相談」だけではなく、「資産運用・管理」をどうしたらよいのか？　という不安を持つ社長は多いと思いますので、そこにアドバイスできるＩＦＡの存在は大きいと思います。

私は、社長の一番の相談相手は、昔もいまも税理士だと思っているので、今後、ＩＦＡ業務を通してますます税理士の活躍範囲も広がると考えています。

――ありがとうございました。

おわりに

この本を手に取ってくださり、最後までお付き合いいただき、ありがとうございました。

「税理士って、どうなってしまうのだろう…」と考えたみなさんが、この本を読んで、「やっぱり税理士って、可能性がある！」と思っていただければ幸甚です。

時代が変化するのは当たり前ですが、最近の変化は急激です。この変化のはざまで、税理士を取り巻く環境や情勢も大きく変わってきています。

ＩＴの進化で、税理士報酬の価格競争を余儀なくされましたが、今後は、ＡＩの発展で仕事そのものがなくなる予測まで出てきています。

淡々と目の前の税務業務のみを行なっていた時代は、終わろうとしているように思います。

税理士業務に、付加価値を付けていかなくてはいけない時代です。その重要な答えの１つが、税理士が「お金のかかりつけ医」になることだと思い、この本を執筆しました。

時代がどんなに様変わりしても、そのなかでも変わらないことが１つあります。月並みですが、「税理士はお客様の身近な相談相手」

であることです。

みなさんが、日々の業務に一生懸命に取り組むことで、お客様との揺るがない信頼関係ができあがっていると思います。

この信頼関係を大切にしながら、お客様の資産を守ることができるのが、私たち税理士だと思っています。

お客様の「お金のかかりつけ医」としての税理士、これは、決してＡＩなどに代わられることのない税理士の立ち位置だと思っています。

ちょっと、お客様とお金の話をしてみてください。

この本で紹介したような、保険、不動産、証券については、枚挙にいとまがないくらい、「あやしい」話を聞かされます。

「損」することは嫌いなはずなのに、これはどうしたことでしょう。

「よい保険」といわれて理屈に合わない保険に加入していたり、採算の取れない不動産投資に乗ろうとしていたり、営業マンの口車にうまくはまっています。

そして、騙されたと気づくと、今度は慎重になるあまりに、必要な保険や、資産運用が始められなかったりしています。

そこで、私たち税理士の出番なのです。

「お金のかかりつけ医」は、金融機関にいた私たちだかからできるというわけではありません。

税理士のみなさんが持っている、平衡感覚があればできることです。

「それは、ちょっとおかしい。そんな儲け話があるわけがない」とか「煙に巻いたような説明だけど、本当はどういうことだろう」と思うことがスタートです。

おかしなことは、この本でも説明したように、必ず数字に表われています。ですから、あとは、電卓とお客様を思う気持ちがあれば解決します。

「お金のかかりつけ医」に必要なのは、専門知識ではなく、お客様を思う誠意なのです。

そして、そこにはビジネスチャンスが広がります。

「お金のかかりつけ医」として、資産全体を俯瞰して、しっかりとコントロールしてください。

お客様に、本当に必要な保障のための保険、事業として採算の取れる不動産投資などの検討・提案・アドバイスです。

本書では、税理士が主導する「資産運用」相談についても提案しています。

資産運用の具体的な提案は、６章で紹介したＩＦＡとしての資格を取らないとできませんが、新しい分野としての証券相談は、税理士にとって大きな差別化になります。

新しい時代の税理士としての可能性が開けると思います。

　税務知識をもとにした経営者へのコンサル業務や、お客様それぞれの幸せに合わせて資産税の知識を駆使して、最善の答えを見つけていく――そんな力で、お客様に「資産防衛術」をアドバイスできる税理士が１人でも多くなるように願っています。

　みなさまのさらなる活躍を祈っております。

税理士　板倉　京
税理士　羽田　リラ

著者プロフィール

板倉京（いたくら　みやこ）…２～５章を執筆

税理士、ＩＦＡ、シニアマネーコンサルタント。

東京都出身。成城大学文芸学部卒業、名城大学大学院法学研究科修了。

損害保険ジャパン（旧安田火災）を結婚退職後、日本生命にて保険営業に携わる。夫の転勤のためいったん専業主婦になるも、一念発起して、税理士資格を取得。大手会計事務所、財産コンサルティング会社などを経て、2005年に税理士事務所を開業。女性税理士の組織、株式会社ウーマン・タックス代表、資産コンサルティング会社である株式会社ＷＴパートナーズ代表を務める。相続や資産運用に詳しい税理士として、シニアのクライアントを多く抱え、年間100人以上の相談を受ける。一児の母でもあり、実生活に根ざした視点とわかりやすい解説から、テレビや雑誌などでも人気。全国での講演も多い。

著書に『夫に読ませたくない相続の教科書』（文春新書)、『税理士がアドバイスする‼ 相続手続で困らないエンディングノート』（ぎょうせい)、『知らないと大損する 定年前後のお金の正解』（ダイヤモンド社）などがある。

羽田リラ（はねだ　りら）…１・６・７章を執筆

税理士、ＩＦＡ。

札幌市出身、北海道大学経済学部卒業。

北海道拓殖銀行を結婚のため退社。むすめ二人を育てながら税理士資格を取得。その後、大手会計事務所、野村證券の経験を経て、2006年、税理士として独立。2009年に女性税理士のコミュニティである株式会社ウーマン・タックス設立。2016年より、資産のコンサルティング会社である株式会社ＷＴパートナーズ設立。お客様の大切な資産を守り育てて次の世代に引き継ぐお手伝いをするため、相続相談や資産運用の個別相談、各種セミナーなどを開催中。

共著書に『女性が税理士になって成功する法』（アニモ出版)、『税理士がアドバイスする‼ 相続手続で困らないエンデイングノート』（ぎょうせい）などがある。

株式会社ウーマン・タックス

2009年設立。
「税理士をもっと活用してもらいたい」との思いで設立した、税理士を会員とする会社。男女を問わず、さまざまなバックボーンの会員が所属している。異なる得意分野を持つ税理士が集うことで、さまざまな企業等に対して、新たなサービスの提供を可能にしている。特に、相続・資産運用等に力を入れており、講演や執筆などの活動も積極的に行なっている。
現在は、資産全般に対するアドバイス、コンサルティングを行なう(株)WTパートナーズと連携をとって、相続・保険・証券・不動産・退職金など、顧客の資産防衛を行なう税理士のバックアップにも力を入れている。
著書に『女性が税理士になって成功する法』(アニモ出版)がある。

URL　woman-tax.co.jp

金融機関出身の女性税理士が書いた
社長に信頼される資産防衛術

2021年９月15日　初版発行

著　者　株式会社ウーマン・タックス
発行者　吉溪慎太郎
発行所　株式会社**アニモ出版**
〒162-0832 東京都新宿区岩戸町12 レベッカビル
TEL 03(5206)8505　FAX 03(6265)0130
http://www.animo-pub.co.jp/

ISBN978-4-89795-253-6
印刷：文昇堂／製本：誠製本　Printed in Japan